아이 성적 올려주는 초등 독서법

아이 성적
올려주는
초등 독서법

김은섭 지음

미디어샘

CONTENTS

프롤로그   이야기 읽는 재미를 느껴보자 006
–
에필로그   아이는 오늘도 조금씩 자란다 202
부   록   학년별 추천도서 50 204

PART 01 공부의 처음과 끝, 독서

열두 살 지능이 평생 간다 016 책 읽기가 상상력을 결정한다 022 학교에서는 배울 수 없는 어휘력 028 아이가 꼭 읽어야 할 책이 있다면? 032 만화책도 엄연한 책읽기의 성장 과정 042 스마트폰을 다루는 바람직한 자세 048 아이는 부모의 등을 보고 자란다 058

PART 02 취학 전
독서에 재미 붙이기

책 읽어주기가 독서의 시작이다 072 가장 중요한 질문은 "이 책 어땠어?" 086 그림 독서록, 독서 흥미 이끄는 마중물 092

PART 03 초등 1~2
독서와 손글씨 쓰기

막힘 없이 술술 읽는 4가지 팁 100 연필 잘 쥐면 성적도 오른다 110 독서록,
단 한 줄의 힘 115 독서로 논술 대비하는 법 122

PART 04 초등 3~6
독서의 완성, 키보드 독서록

꾸준히 쓰는 것이 최고의 독서록이다 130 보물은 가까서점에 있다 137 아이
에게 전자책은 금물이다 144 독서보다 숙면 150 "글쓰기가 싫은 게 아니라
글쓰기가 힘들다고요!" 159 알파 세대에게 필요한 키보드 독서록 168 타자
연습이 진정한 선행학습이다 180 독서활동 기록은 온라인 서재로 186 독서
의 종착역은 분석하며 책 읽기 193

이야기 읽는 재미를 느껴보자

최근 국어 과목이 대입 수능에서 변별력이 뛰어난 과목으로 주목받는가 하면, 지난 수능에서 수험생을 가장 속 썩인 과목이 되면서 한눈에 시선을 받고 있습니다. 오죽하면 대치동에서 "의대에 가려면 수학을 잘해야 하지만, 명문의대와 일반의대는 국어 실력으로 갈린다"라는 말까지 떠돌까요. 문제는 국어 실력이 한두 해 준비해서 쑥 올라가는 것이 아니라는 점입니다. 우리가 익히 아는 것처럼 어릴 때부터

'좋은 책을 잘 읽고, 많이 읽으면' 높은 국어 점수는 저절로 따라오기 마련입니다.

"좀처럼 책을 읽지 않는 우리 아이, 어떻게 해야 잘 읽을 수 있을까요?"

부모를 대상으로 강연할 때 이 질문이 등장하지 않은 적이 없습니다. 어린 자녀를 둔 대한민국 부모라면 대부분 갖는 걱정이기도 합니다. 저는 "어떻게 해서든 아이가 책을 잘 읽게 하면 됩니다"라고 답합니다. 그만큼 걱정하지 않아도 된다는 뜻입니다. 이 책은 '내 아이가 책을 잘 읽게 만드는 세상에서 가장 쉬운 방법'을 알려드리려고 합니다. 아이의 학교 성적 역시 책을 잘 읽기만 한다면 자연스럽게 올라갑니다.

저는 다양한 연령층의 독서인을 만나 책 읽기와 글쓰기에 대한 강연을 수없이 해왔습니다. 덕분에 몇 가지 사실을 깨달았습니다. 그중 하나는 책을 읽는 사람은 노인이 되어도 꾸준히 읽지만, 책을 읽지 않는 사람은 몇 살이 되든 읽지 않는다는 것입니다. 2023년 '대한민국 독서실태조사' 결과, 성인 10명 중 1년 동안 책을 한 권이라도 읽은 사람이 4명에 불과한 것만 봐도 짐작할 수 있습니다. 또 다른 한 가지는 책 읽기 습관을 익혀야 할 시기는 초등학교 때뿐이라는 것입니다.

　같은 조사에서 학생들에게 책을 읽지 않는 이유를 설문한 결과, '공부 때문에 시간이 없어서(31.7%)' '책 이외의 매체를 이용해서(29%)' '책 읽는 습관이 들지 않아서(7.6%)'라고 대답했고, 그 비율은 모두 합쳐 약 57%에 달했습니다. 읽는 학생은 독서량이 갈수록 늘어나는 반면, 읽지 않는 학생은 아예 단 한 권도 읽지 않는다는 것입니다. 무한대와 0, 즉 읽는 학생과 그렇지 않은 학생 사이의 이러한 간극은 날로 심화되는 학력 격차, 그리고 빈부 격차와 깊은 관련이 있습니다. 평균 소득과 성적이 독서 습관에 비례한다는 수많은 연구 결과가 나온 바 있기 때문입니다. 무한 경쟁 사회에서

남들에게 없는 독서 습관은 결국 넘볼 수 없는 차별점이자, 무엇과도 비교할 수 없는 스펙입니다.

어릴 때부터 책 읽는 습관을 기르는 것이 중요하다는 사실은 부모라면 모두 공감합니다. 문제는 아이가 책을 읽게 하는 것이 좀처럼 쉽지 않다는 것입니다. 위안이 될지 모르겠지만, 작가인 저 역시 몇 해 전까지만 해도 제 아이를 보며 매일 똑같은 걱정을 했습니다.

제 아이는 초등학교 입학 직전에 겨우 글을 깨쳤습니다. 유치원을 다닐 때 어떻게든 한글을 가르치려고 했지만 아이가 정말 싫어하더군요. 다른 집 애들은 벌써 혼자 책을 읽고 있다는데 작가 아빠를 둔 아이는 일곱 살이 되도록 글을 모르다니, '중이 제 머리 못 깎는다'는 말이 맞구나 싶었습니다. 이런저런 방법을 써가며 아이가 책과 친해지도록 노력해봤지만 책을 거들떠보지도 않았습니다. 잠들기 전 나란히 누워 책을 읽어주는 것도 시도해봤지만 들으려는 노력조차 하지 않았지요.

결국 아이는 책과 친해지지 못한 채 간신히 한글을 깨치는 정도에서 초등학교에 입학하게 되었습니다. 한동안 아이가 학교에서 수업이나 제대로 들을 수 있을지 걱정이었지요.

그때부터 아이가 책 읽기와 글쓰기에 더욱 흥미를 갖도록 도와주고 싶어, 국내에 소개된 어린이 독서에 관련된 책들을 거의 모두 찾아 읽었습니다. 자료를 찾아 연구를 하면 할수록 아이들의 책 읽기는 어른과는 차원이 다르고 더더욱 중요하다는 것을 배웠습니다. 아이들의 두뇌는 새하얀 스케치북과 같습니다. 아이들은 한 권, 열 권, 1백 권 책을 읽을 때마다 그 내용을 머릿속에 그림처럼 새겨 넣습니다. 또한 아이들은 스펀지와도 같아서 젖은 물을 빨아들이듯 줄거리와 낱말들을 쑥쑥 흡수합니다.

아이의 책 읽기는 단순히 국어 성적 때문에 해야 하는 것이 아닙니다. 어릴 때 책 읽는 재미를 알게 된 아이는 평생 동안 독서를 즐길 수 있지만, 그렇지 못한 아이는 어른이 되어서도 좀처럼 책과 친해질 수 없습니다. 그리고 이때 벌어진 격차는 나이를 먹을수록 점점 커집니다. 성인이 되어 삶의 질에 차이가 생기는 것은 물론 학력과 경제 수준에도 큰 영향을 미치지요.

가장 기본적이면서도 쉬운 공부 방법은 바로 책을 읽는 것입니다. 어릴 때부터 책을 많이 읽으면 아이의 뇌는 종이 위에 새겨진 글씨를 읽어내는 과정에 익숙해지고, 그것들을 상상하고 이해해서 습관적으로 지식으로 저장하는 일을 하게 됩니다. 초등학생이라면 무조건 책 읽기 습관을 잘 들여야 한다고 말하는 이유입니다.

한 아이의 아빠이자 작가인 저는 아이를 책 읽기와 글쓰기 학원에 보내는 대신 직접 가르치기로 결심했습니다. 20년 가까이 수천 권의 도서 리뷰를 쓰고, 여러 권의 책을 집필했지만 소중한 내 아이의 책 읽기를 돕기 시작하자마자 부족한 것이 많다는 것을 알았습니다. 그 후 저는 우리나라에서 출간된 동서고금의 어린이 독서에 대한 책 200여 권을 찾아 읽고 배우고 익혔습니다. 그리고 성장 시기에 따라 실천하기 쉽고 편한 책 읽기 방법과 글쓰기 방법을 내 아이에게 알려주기로 했습니다.

여러 시행착오를 겪을 때마다 두렵고 힘들었지만, 아이와 눈높이를 맞추려고 노력했습니다. 가정에서 책 읽기 지도를 한 지 5년째에 접어들어 이제 초등학교 5학년이 된 아이는 200쪽짜리 책을 두세 시간 만에 뚝딱 읽어내고, 독서록도 한 번에 두어 장을 어렵지 않게 쓰고 있습니다. 학기 말마다 독서 우수상을 받을 정도가 되었지요.

이 책에는 제가 그동안의 독서 경험으로 터득한 쉽고 편한 책 읽기 방법과 아이에게 책 읽기를 가르치며 겪은 여러 시행착오와 해결책을 담았습니다. 아이들이 쉽고 재미있게 책을 읽는 방법, 독서록과 일기 같은 글쓰기도 손쉽게 척척

해내는 방법에 대해 이야기할 것입니다. 또한 제가 여러분보다 먼저 알게 된 '우리 아이 독서 치트키'를 가정에서 실천하기 쉽게 전해드리겠습니다.

김은섭

PART 01

공부의
처음과 끝,
독서

열두 살 지능이 평생 간다

———

12세까지 지능을 결정한다

세상의 모든 지식은 인터넷에 있으니 책을 읽지 않아도 된다고 말하는 사람들이 적지 않습니다. 하지만 책은 단순히 지식을 전달하는 수단이 아닙니다. 특히 아이가 초등학생이라면 더욱 책을 많이 읽고 잘 읽어야 합니다. 이때가 아이의 지능을 결정하는 시기이기 때문입니다.

아이들이 머리가 폭발적으로 좋아지는 시기가 초등학교

때입니다. 뇌과학자들의 연구에 따르면 사람은 태어나면서부터 어떤 특정한 시기까지 신경세포들의 중요한 연결고리가 거의 완성된다고 밝혀냈습니다. 쉽게 말해 사람의 머리가 좋아지는 시기는 따로 정해져 있다는 것입니다. 뇌과학자들은 이 시기를 가리켜 '결정적 시기'라고 부릅니다. 그렇다면 우리 아이가 뇌의 역량을 최대한 키울 수 있는 시기, 즉 결정적 시기는 언제일까요?

바로 아이가 태어난 후부터 10~12년 정도입니다. 평균적으로 초등학교 5학년 정도까지라고 할 수 있습니다. 아이들마다 입학 시기가 다르다는 점을 감안한다면 초등학교 졸업할 때까지로 보면 됩니다.

뇌과학자들은 이러한 결정적 시기 이후 "학습을 통해 뇌의 질은 더 좋아질 수 있지만, 새로운 뇌 구조는 더 이상 만들어지지 않는다"고 덧붙였습니다. 결론적으로 우리 아이는 12세까지 형성된 두뇌를 죽을 때까지 써먹는다는 뜻입니다. 초등학교 시절이 얼마나 중요한지 깨닫게 하는 대목입니다.

모든 방법을 동원해서 읽혀야 한다

뇌과학자 김대식 교수는 《12세 전에 완성하는 뇌과학 독서법》에서 결정적 시기에 대해 다음과 같이 말합니다.

결정적 시기가 끝나지 않은 어린이에게 공부는 뇌를 만드는 과정입니다. 책을 읽고 문제집을 푸는 행위만 공부가 아닙니다. 아이가 보고 듣고 느끼고 경험하는 모든 것이 바로 공부입니다. 이 공부를 통해 신경세포를 연결하는 시냅스가 만들어집니다.

아이의 뇌는 마치 딱딱하게 굳기 전의 찰흙과 같아서 모든 학습이 뇌 자체의 구조를 만들어갑니다. 무언가를 배우면 항상 신경세포들이 새롭게 연결되는 것은 물론이고 기존 연결은 더욱 강력해지죠. 여기서 꼭 기억해야 할 점이 있습니다. 결정적 시기에 자주 사용하는 시냅스는 두꺼워지는 반면, 사용하지 않는 시냅스는 얇아지다가 아예 지워진다는 사실 말이에요.

_김대식, 《12세 전에 완성하는 뇌과학 독서법》 중에서

그는 한 사람의 뇌 구조를 최대한 늘리기 위해서는 견문을 넓혀야 한다고 말합니다. 많이 보고, 듣고, 생각할수록

뇌 구조가 확장된다는 것입니다. 이런 말을 들으면 부모들은 난감해집니다. 그리고 이런 의문이 들 것입니다.

"아이는 학교도 가고, 학원도 다니고, 숙제도 해야 하고, 엄마 아빠는 퇴근 후엔 집에서 쉬어야 하는데, 대체 언제 견문을 넓혀주라는 거지?"

하지만 최소 비용으로 최대 효율을 낼 수 있는 방법이 있습니다. 바로 책 읽기입니다. 책 읽기의 장점 중 하나가 간접 경험입니다. 현장을 직접 찾아가서 보고 듣고 느끼면 좋겠지요. 하지만 그럴 수 없다면 책 읽기를 통해 간접 경험을 통해 견문을 넓힐 수 있습니다. 아이가 책을 읽고 난 후 직접 현장을 찾아 가본다면 그 경험의 밀도는 더욱 두터워지겠지요?

해외여행을 가기 전에 역사서나 지리책, 혹은 여행 관련서를 읽고 미리 여행지를 간접 경험한다면, 여행 백배 즐기기가 가능해집니다. 또한 책에서는 절대 불가능한 경험도 할 수 있습니다. 말이 통하지 않는 외국인 작가의 이야기도 책을 통해 들을 수 있고, 이미 이 세상에는 없는 명망 높은 작가도 책으로 만날 수 있습니다.

김대식 교수가 이야기한 "결정적 시기에 자주 사용하는

시냅스는 두꺼워지는 반면, 사용하지 않는 시냅스는 얇아지다가 아예 지워진다"는 것은, '책을 읽으면 읽을수록 머리가 좋아지지만, 책을 읽지 않으면 그 반대의 현상이 일어난다'는 뜻이기도 합니다.

아이의 뇌는 찰흙 빚기와 같습니다. 빚어내는 대로 만들어지는 것이지요. 특히 뇌가 아직 완성되지 않은 초등학생 때는 많이 경험하고, 많이 상상할수록 뇌의 신경세포들이 활성화됩니다. 책을 읽으면 상상하는 만큼 신경세포들은 더욱 촘촘하게 연결되고 연결고리도 더욱 튼튼해지지요. 인간의 인지 기능을 담당하는 뇌세포 수는 약 1,000억 개입니다. 그리고 이들을 연결시키는 시냅스, 즉 뇌세포의 연결고리들은 책 읽기로 조합될 수 있는 경우의 수가 무려 100조 개나 된다고 합니다.

책을 읽을수록 아이의 머리가 좋아질 가능성은 무궁무진해진다는 뜻입니다. 반대로, 많이 경험하지 않고 많이 상상하지 않는다면, 즉 12세가 되기까지 책을 읽지 않는다면 뇌 신경세포의 연결고리들은 점점 얇아지다가 끊어지고 아예 지워져버린다는 뜻이 됩니다.

이제부터라도 우리 아이들의 머리가 더 좋아지게 하고

싶다면 가능한 모든 방법을 동원하여 아이가 스스로 책을 읽도록 도와줘야 합니다.

매일 아이에게 "책 좀 읽어라~" 성화하지만 듣는 척도 하지 않아 걱정이라면 그 걱정 또한 내려놓아도 괜찮습니다. 지금부터 "엄마 아빠, 나 이 책 읽고 싶어요!"라고 아이가 먼저 말하는 날을 앞당길 수 있는 방법들을 소개해드리겠습니다.

◆ Check point ◆
아이가 열두 살까지 책을 많이 읽어야
평생 써먹을 수 있는 똑똑한 두뇌가 만들어집니다.

책 읽기가
상상력을 결정한다

―――――――

우리 뇌는 천하의 게으름뱅이

책은 아이의 상상력을 키워줍니다. 우리의 뇌는 참으로 게을러서 뭔가 새로운 일을 하는 것을 싫어합니다. 뇌는 하루 24시간 잠시도 쉬지 않고 운동을 하기 때문입니다. 단단한 머리뼈 속에 숨어 있으며 무게 1.5킬로그램에 불과한 뇌는 우리가 깨어 있는 동안은 물론, 잠들어 있는 시간에도 홀로 운동을 합니다. 하루 동안 겪은 일들의 기억을 저장하고, 꿈을 꾸는 일을 하지요. 그래서 몸무게의 약 2%밖에 차지하지 않는 이 작은 기관이 하루에 소모하는 에너지의 약 25%나 씁니다.

그런 이유로 뇌는 좀처럼 에너지를 낭비하려고 하지 않습니다. 아침에 일어나서 씻고 먹고 학교나 직장을 가는 등 매일같이 일상적으로 반복하는 일들은 뇌가 따로 운동하지 않아도 자동적으로 움직이도록 세팅되어 있습니다. 이 세팅의 결과물이 습관입니다. 놀랍게도 하루 동안 일어나는 행동의 약 40%는 습관에 의해 이뤄집니다.

게으른 뇌는 게임이나 유튜브 시청 같은 단순한 일을 무척 좋아합니다. 뇌가 굳이 에너지를 쓰면서 운동하지 않아도 되니까요. 모니터에 뜨는 영상을 눈으로 보면 시신경을 통해 뇌로 그대로 전달되니 뇌가 따로 에너지를 쓸 필요가 없습니다. 그런데 안타까운 것은 이렇게 별도의 에너지 소모 없이 시각과 청각으로 쉽고 자연스럽게 받아들이는 정보들은 뇌를 전혀 자극하지 않는다는 사실입니다. 뇌가 아무 일도 하지 않은 채 정보를 받아들이면 전체 정보의 약 30%밖에 기억하지 못하고, 그 기억도 금방 연기처럼 사라집니다. 전문가들이 책을 읽지 않고 영상만으로 학습하는 방식을 우려하는 이유입니다.

　뇌는 책 읽기를 정말 싫어합니다. 멀뚱히 게임을 하거나 영상을 시청하는 것보다 훨씬 많은 운동이 필요한 일이니까요. 만약 우리 뇌가 말할 수 있다면 "아니, 그냥 영상을 보기만 하면 되는데 굳이 왜 활자를 읽는 거야?" 하고 불평할지도 모릅니다. 아이들이 책 읽기를 어려워하고 싫어하는 이유 역시 뇌가 일하기 싫어서 거부하기 때문입니다.

책으로 뇌를 가만 두지 않아야 한다

　하지만 책 읽기는 저절로 생기는 능력이 아닙니다. 오히려 반복된 연습의 결과로써 가까스로 획득하는 능력이지요. 그렇기 때문에 책 읽기를 충분히 연습한 사람과 그렇지 않은 사람의 차이는 나이가 들수록 커질 수밖에 없습니다.

　책 읽기는 게임이나 영상과 다르게 작은 그림이 달랑 하나 있거나 아예 그림 한 장 없는 책을 들여다보고 활자를 이해하는 일입니다. 우리가 책을 보면서 활자를 읽으면 시각적 정보가 부족하기 때문에 뇌는 그것을 메우기 위해서 할 수 없이 상상의 나래를 펼치는데, 이때부터 뇌가 활성화됩니다.

예를 들어, "먹음직스러운 빨간 사과가 내 손에 들어왔다"는 문장을 읽는다면, 크게 한 입 깨어 물면 상큼한 단물이 입안 가득 퍼질 것 같은 윤기 있고 새빨간 사과가 머릿속에 떠오르게 됩니다. 분명 그림 하나 없이 문장 한 줄만 읽은 것뿐인데 말이지요. 어떻게 이런 일이 일어난 것일까요? 뇌가 운동을 하면서 상상했기 때문입니다.

동화나 소설을 읽을 때도 마찬가지입니다. 책 속에서 등장하는 장면이나 인물에 대한 상세한 설명을 읽으면, 그와 동시에 뇌는 책에서 읽은 내용을 해석하며, 생각(사고)하고 상상(추론)하느라 바빠집니다. 이것을 '뇌의 활성화'라고 합니다. 이때 뇌의 측두엽, 두정엽, 전전두엽 등이 통합적으로 활발히 움직입니다. 우리가 단순히 책을 읽는 것만으로 뇌의 아주 많은 부분이 활성화되고 이 과정에서 자연스럽게 뇌 기능이 좋아지는 것입니다.

반면 스마트폰으로 게임을 하거나 유튜브에서 영상을 보는 동안 우리의 뇌는 변화무쌍한 이미지들을 쫓아다니느라 생각하거나 상상하는 일이 거의 불가능해지지요. 특히 초등학생 시기의 어린이는 이것이 더욱 어렵고 뇌의 활성화도 거의 없다고 볼 수 있습니다. 단지 눈과 귀를 통해 영상을 시청하기 때문에 시각과 청각을 담당하는 후두엽과 측두엽의 일부만 활성화될 뿐입니다.

마음껏 상상해야 머리가 좋아진다

《읽기의 이해》의 저자이자 심리학자인 프랭크 스미스(Frank Smith)는 그의 책에서 "진정한 읽기는 글과 눈 사이에서 일어나는 게 아니라 독자의 머릿속에서 이루어진다"라고 말했습니다. 즉, 아이가 책을 읽는 동안 상상력을 발휘한다는 뜻입니다. 그렇다면 초등학생인 아이가 책을 읽고 상상하는 동안 머릿속에서는 어떤 일이 일어나는 것일까요? 김대식 교수는 이렇게 말합니다.

책을 읽는 순간, 뇌는 현실에서 보이지 않는 새로운 세상을 상상해야 합니다. 신경세포들이 새로운 가지를 뻗치고 서로 연결하며 새로운 길을 만들어야 합니다. 이러한 과정이 결정적 시기에 이루어진다면 아이의 뇌는 다른 사람이 가지 못한 길들을 만들어낼 것입니다. 남들은 못하는 새로운 창의적 생각은 어느 시기에나 중요하게 여겨졌습니다.

_김대식, 《12세 전에 완성하는 뇌과학 독서법》 중에서

아이들이 책을 읽기 시작하면 자극을 받은 뇌에서는 상상을 실행하기 위해 수많은 신경세포들이 서로 붙으며 연결고리를 완성합니다. 그래서 뇌가 열심히 일을 하면 할수록 뇌세포가 활발해지고 튼튼해져서 머리가 좋아지는 결과로 이어집니다.

아인슈타인(Albert Einstein)은 "상상력이 지식보다 중요하다"고 말했습니다. 이제 아이들에게는 옛날처럼 정보와 지식을 찾아다니고 그것들을 달달 외우는 것이 의미가 없다고 생각할 것입니다. 인터넷으로 검색하면 바로 찾아낼 수 있으니까요. 하지만 그 어느 때보다 상상력이 필요한 세상이 되었습니다. 이미 존재하는 것들을 개선하고, 새로운 것들을 개발하려면 풍부한 상상력으로 생겨난 창의성이 필요합니다. 이것은 다른 매체로는 절대 채울 수 없는 부분입니다. 오직 책으로만 가능합니다.

◆ Check point! ◆
상상력은 지식보다 강합니다.
상상력은 오직 책 읽기를 통해 키울 수 있습니다.

학교에서는
배울 수 없는 어휘력

공부는 어휘 수집하기다

요즘 TV나 언론, 교육계에서는 아이들의 문해력이 턱없이 떨어진다고 난리입니다. 부모들은 지레 겁을 먹고 문해력이 좋아진다는 문제집을 사거나, 문해력을 키워준다는 학원 문을 두드리지요. 하지만 문제집을 풀고 학원을 다닌다고 문해력은 쉽게 늘지 않습니다. 문해력이란 '글을 읽고 이해하는 능력'을 말합니다. 이 문해력을 높이는 것은 어휘를 얼마나 많이 알고 있느냐에 달려 있습니다. 문해력은 아이의 머리에 억지로 욱여넣듯 가르쳐서 생기는 것이 아니라 아이 스스로 익혀야 비로소 개발되는 능력입니다.

문해력은 왜 중요할까요? 교사이자 작가인 전병규 선생은 《문해력 수업》에서 이렇게 말합니다.

> 일상에서 사용하는 어휘는 대략 5,000개입니다. 이를 기본 어휘라고 합니다. 기본 어휘 5,000개 중 1,000개가 약 83% 정도의 빈도로 쓰이고, 나머지 4,000개가 17%만큼 쓰인답니다. 일상 속 커뮤니케이션의 대부분이 1,000개의 단위로 이루어진다는 말입니다. 기본 어휘 5,000개에 가끔 사용하는 5,000개의 어휘를 합치면 공통 어휘가 됩니다. 이 1만 개의 단어가 우리가 보통 생활에서 접하게 되는 어휘의 범위입니다. 그런데 어휘는 이게 다가 아니지요? 나머지 어휘는 모두 몇 개나 될까요? 2020년 표준국어대사전에 등재된 표제어는 총 42만 3,170개라고 합니다. 그러면 여기서 공통 어휘 1만 개를 뺀 41만 개는 무엇일까요? 이는 일상에서 잘 사용하지 않아 희귀 어휘라고 합니다. '등장인물' '곶' '원자' 등이 희귀 어휘의 예입니다. (…) 희귀 어휘는 학문에서 사용하기 때문에 학문 어휘라고도 부릅니다. 학문 어휘를 얼마나 잘 배우고 많이 아느냐가 학업 성적

과 직결됩니다. 왜냐하면 어휘가 바로 개념이자 지식이거든요. 쉽게 말해, 공부란 학문 어휘를 수집하고 이해하는 일입니다.

– 전병규, 《문해력 수업》 중에서

아이들은 책을 읽으며 일상적인 대화에서는 사용하지 않는 단어를 배울 수 있습니다. 단어를 많이 알면 알수록 똑똑한 사람이 됩니다. 사전에는 약 42만 여 개의 단어가 수록되어 있는데, 가정에서는 겨우 5,000개 정도 사용한다니! 그리고 보면 우리가 아이와 나누는 대화 속 단어들은 그리 다양하지 않습니다.

더욱 놀라운 것은 학교에서 배우는 단어는 겨우 1만 개가 조금 넘고 TV를 통해 배우는 단어 역시 이와 비슷한 수준이라는 사실입니다. 가정과 학교, 그리고 미디어를 통해 배울 수 있는 어휘는 턱없이 부족합니다. 신문과 뉴스에서 아이들의 문해력이 부족하다고 아우성을 치는 것도 바로 이때문입니다. 그렇다면 아이들은 어디서 무엇을 통해 문해력을 키워야 할까요? 방법은 간단합니다. 집에서 책을 읽는 것입니다.

문해력이 저절로 높아지는 비결

　초등학생이 1년 동안 학교에서 보내는 시간은 약 900시간이며, 집에서 보내는 시간은 무려 7,800시간입니다. 만약 아이가 집에서 매일 30분이라도 책 읽기를 하고 있다면 문해력은 저절로 늘어납니다.

　책을 읽다가 모르는 어휘를 만나면 문맥을 통해 그 뜻을 유추하기도 하고 책을 읽는 중간에 사전 검색을 통해 정확한 뜻을 이해합니다. 이렇게 생긴 어휘력은 또 다른 책을 읽으면서 접하는 새로운 지식을 익히는 데 도움이 되기도 하지요. 유대인들은 "손에 든 돈은 빼앗겨도 머리에 든 지혜는 빼앗기지 않는다"라고 말했습니다. 책 읽기를 통해 얻은 문해력은 학업에도 큰 도움이 될 뿐만 아니라 상급학교로의 진학, 나아가 사회생활을 하며 평생 써먹을 수 있는 경쟁력이 됩니다.

　책이 들려 있어야 할 아이들의 손에 스마트폰이 쥐어져 있다 보니 문해력이 더욱 우려되는 것이 현실입니다. 대학생 중에서도 책 한 권을 끝까지 읽어내지 못하는 이들이 많다고 할 정도니까요. 반대로 생각해보면 어떨까요? 내 아이가 책 읽기를 꾸준히 한 덕분에 문해력이 높아진다면 상대적으로 더욱 두드러진 강점, 즉 책을 읽지 않는 아이들과의 차별점이 될 수 있습니다.

문해력은 인터넷 강의나 학원, 과외와 같은 사교육으로는 절대 얻을 수 없습니다. 하지만 매일 30분 정도라도 꾸준히 책을 읽는다면 문해력 또한 꾸준히 업데이트되어, 평생 동안 우리 아이의 확실한 강점이 되어줄 것입니다.

또한 책을 읽는 동안 뇌 운동이 많이 이뤄지는 만큼 기억력도 강화되고 집중력도 향상됩니다. 학창 시절 책을 읽다가 내려야 할 전철역이나 정류장을 놓친 적을 생각하면 몰입하는 순간을 떠올릴 수 있을 것입니다. 이렇게 생긴 집중력은 다른 일을 할 때도 똑같이 발휘됩니다.

책은 이해력을 높여주기도 하지요. 이전에는 알지 못했던 삶에 대해 배우고, 자신과 전혀 다른 생각과 사고방식을 가진 사람을 만나게 해줍니다. 이러한 경험들은 타인에 대한 공감과 함께 세상이 작동하는 방식에 대한 이해를 쌓는 과정에서 큰 역할을 합니다.

◆ **Check point!** ◆
독서를 하면 아이의 문해력은 저절로 좋아집니다.

아이가 꼭 읽어야 할
책이 있다면?

───────

원하는 책을 읽을 자유

아이들이 책 읽기를 싫어하는 가장 큰 이유는 단순합니다. 읽고 싶지 않은 책을 읽으라고 하기 때문입니다. 저는 그동안 많은 강의에서 학부모들에게 아이가 원하는 책을 읽게 하라고 전했지만, 현실에서는 그게 실천하기 쉽지 않은 모양입니다. 돌아오는 학부모들의 대답은 늘 이랬습니다.

"기왕 책을 읽을 거라면 고전을 읽어야 하지 않나요?"

"또래 아이들이 많이 읽었다는 추천 도서나 베스트셀러를 따라 읽어야 뒤처지지 않잖아요."

"우리 애는 만화책만 읽겠다는데, 이건 제대로 된 책이 아니잖아요?"

아닙니다. 아이가 읽고 싶어 하는 책을 읽게 해주세요. 그러면 아이는 곧 책 읽기를 좋아하게 됩니다. 부모는 아이가 읽을 책에 대해 개입하지 말아야 합니다. 책을 읽을 당사자는 아이 자신이니까요. 아이가 읽고 싶어하는 책은 세상에 존재하는 아이들의 수만큼이나 다양할 것입니다. 하지만 아이가 얇은 그림동화 책을 고르든, 학습만화를 고르든, 어떤 책을 선택하든 부모는 "그것 참 재미있겠다" 하고 아이의 선택에 호응해줘야 합니다. 심지어 정보성이 전혀 없어 보이는 만화책을 고르더라도, 그래서 말리고 싶고, 다른 책을 권하고 싶더라도 꾹 참고 응원만 해주어야 합니다.

책을 펼치는 것이 중요하다

자신이 원하는 책을 펼쳐서 읽기 시작했다면, 그때부터 아이의 책 읽기가 본격적으로 시작되었다고 생각해도 좋습니다. 아이는 책 속에 담겨 있는 활자를 읽으며 일상에서는 만날 수 없는 어휘와 생각들을 마주하게 됩니다. 아이는 책을 통해 마음껏 상상의 나래를 펼치고 어느 순간 몰입을 경험할 것입니다. "첫술에 배부르랴"라는 속담이 있습니다. 아무리 글자가 별로 없고 그림이 많더라도 일단 읽기 시작한다면 이는 대단히 반가운 일입니다.

아이가 고른 책이 아무리 그림이 많고, 활자도 크고, 수준 낮아 보여 가만히 지켜보기 괴롭더라도, 아이는 지금 자신의 수준에 맞는 책을 고른 것입니다. 글을 읽기 힘들면 그림이 가득한 책을 더 좋아할 테지만, 책 읽기가 점점 익숙해지면 그림이 줄어들고 글밥이 많은 책으로 서서히 옮겨 갑니다.

아이가 몇 쪽 안 되는 얇은 책 하나 달랑 읽고 "책 다 읽었어요" 하더라도, "와, 책 한 권을 다 읽었구나. 잘했다!" 하고 칭찬해주어야 합니다. 그러면 아이는 곧 다른 책을 찾아 읽을 것입니다. 내 아이의 책 읽기는 하루 이틀 하고 끝나는 이벤트가 아니라 평생 함께 할 친구를 찾는 일입니다. 안타까울 만큼 느리고 더뎌도 아이 스스로 이 과정을 거쳐 갈 때까지 기다려야 합니다.

아이가 제 수준에 맞지 않은 책을 고른다고 해서 "얘, 이

건 네가 읽을 수준의 책이 아니야!" 하고 읽기도 전에 말리는 것 역시 금물입니다. 그렇게 되면 아이는 책을 펼쳐보고 몇 장 안 넘겨서 '아, 이건 나한테 어렵구나' 하고 느끼면 스스로 그만두게 됩니다. 아이가 읽고 싶어하는 책을 스스로 골라 읽는다는 것은, 책을 마음껏 선택할 자유를 갖는 것이기도 합니다. 자율성은 아이의 책 읽기와 공부에 무척 중요합니다. 책 읽기든 공부든 부모가 일방적으로 시키는 대로 하는 것이 아니라 자기 스스로 선택하는 과정이 있어야 더더욱 적극적으로 참여할 수 있기 때문입니다.

아이의 책 읽기를 지켜보며 제일 당황스러울 때는 따로 있습니다. 바로 이런 말을 할 때입니다.

"난 읽고 싶은 게 하나도 없어. 책을 읽고 싶지 않다고."

'결정적 한 권'이 필요하다

제 아이가 그랬습니다. 아이는 무슨 이유인지 좀처럼 책을 읽으려 하지 않았습니다. 책을 읽어주려 해도 그 자리를 피해버릴 만큼 싫어했습니다. 아이가 입이 짧아 유아기부터 밥을 잘 먹지 않아서 식사 시간 동안 '핑크퐁' 같은 영상을 보여주곤 했는데, 그 때문인지 책보다 영상을 훨씬 더 좋아했습니다.

그러던 어느 날, 초등학교 2학년 무렵, 아이가 학교에서 돌아와서는 불쑥 '나무집 시리즈'를 사 달라고 하는 것이었습니다. 반 친구들이 많이 읽는다며 자기도 갖고 싶다고 하더군요. 앤디 그리피스(Andy Griffiths)가 쓰고, 테리 덴톤(Terry Denton)이 그림을 그린 '나무집 시리즈'는 《13층 나무집》을 시작으로 13층씩 더해서 모두 《130층 나무집》까지 출간된 인기작이었습니다.

하지만 제 눈에는 엉망진창 같은 책이었습니다. 글자도 몇 줄 안 되고, 내용도 엉성한데다 낙서 같은 그림으로 가득한 게 영 못마땅했지요. 그런데 전 세계 아이들에게 엄청난 사랑을 받는 밀리언셀러라 했습니다. 그나마 마음에 드는 점이 딱 하나 있었습니다. 300쪽 가까이 되는 두꺼운 책이라는 것이었습니다. 아이는 그 정도로 두꺼운 책을 그때까지 단 한 번도 읽어보지 못했거든요. 솔직히 '이번에도 다 읽지 못할 게 뻔하구나' 생각했지만 아이가 처음으로 책을 갖고 싶다는데 어쩌겠어요. 마지못해 세 권을 사줬습니다. 그랬더니 이틀 만에 다 읽었다고 하더군요. 정말 신기한 일이었습니다.

아이는 그 후 '나무집 시리즈' 세 권을 몇 번이나 읽고 또 읽었습니다. 희한하게도 읽을 때마다 처음 읽는 것처럼 킥킥대며 재미있어 했습니다. '나무집 시리즈'를 읽는 동안에는 그 좋아하던 유튜브조차 까맣게 잊어버릴 정도였습니다. 기특한 마음에 이제껏 출간된 '나무집 시리즈'를 모두 사주었고, 아이는 빠져들 듯 모조리 읽었습니다.

아이는 '나무집 시리즈'를 몇 번이고 읽으면서 책 읽기라는 행위에 조금이나마 흥미를 갖기 시작했습니다. 《130층 나무집》까지 11권을 여러 번 읽고 난 뒤에 '나무집 시리즈'처럼 재미있는 책이 또 없냐고 제게 물었습니다. 저는 이 질문이 그저 반갑기만 했지요.

며칠 지나지 않아 아이가 선택한 새로운 책은 '이상한 과자 가게 전천당 시리즈'였습니다. 반 짝꿍이 학교에 가져와 읽으면서 재미있다고 적극 추천했기 때문이었습니다. 저는 어떤 책인지 묻지도 따지지도 않고 다음 날 시리즈 전권을 아이 품에 안겨줬습니다. 그리고 아이는 이 시리즈도 며칠 만에 모두 읽어버렸습니다. 변화는 이렇듯 거짓말처럼 시작되었습니다. 엉망진창인 것 같은 '나무집 시리즈'가 아이에게는 난생처음으로 '재미있는 책'이 되었습니다.

'홈런북'을 찾아라

《하루 30분 혼자 읽기의 힘》의 저자 낸시 앳웰(Nancie Atwell)은 아이가 책 읽기의 즐거움을 느끼게 하는 결정적인 책을 '홈런북(homerun-book)'이라고 불렀습니다. 우리 아이에게는 '나무집 시리즈'가 홈런북이었지요.

책을 좋아하는 아이는 하루아침에 만들어지지 않습니다. 계속 읽다 보면 어느 날 아이 스스로 "너무 재미있어요!"라고 말하게 만드는 책을 만날 수 있고, 이런 경험은 아이에게 좋은 기억으로 남아서 책에 대한 호감을 높여줍니다. 이렇게 '책이란 재미있는 거구나' 하고 직접 느끼고, 어느덧 모든 책에는 나름의 재미가 있다는 것을 배우면, 마침내 책 읽기를 좋아하는 아이로 거듭나게 됩니다.

부모의 마음은 늘 조급하고 변덕스럽습니다. 처음에는 아이가 그저 읽기만 해도 좋겠다고 바라다가도, 기왕 읽을 거면 내용도 풍성하고 알찬 책을 읽기를 바랍니다. 그런 마음으로 부모가 책을 골라주며 읽으라고 하면 그때부터 아이의 책 읽기는 숙제가 되고 공부가 됩니다. 따라서 아이가 홈런북을 만나게 하는 방법은 읽고 싶은 책을 읽게 하는 것입니다.

독서 능력은 갑자기 폭발한다

"옆집 아이는 벌써 글밥이 많은 책을 읽고 있던데, 대체 언제까지 기다려야 하나요?" 하며 조바심 내는 부모의 마음도 충분히 이해합니다. 수잔 짐머만(Susan Zimmermann)과 크리스 허친스(Chris Hutchins)가 쓴 독서의 고전 《초등학교 독서습관 평생을 좌우한다》에 이런 이야기가 등장합니다.

한 남자가 대나무를 기르기로 결심했습니다. 남자는 대나무 밭을 만든 후 잡초를 뽑고 하루도 거르지 않고 매일같이 물을 주었습니다. 그런데 1년이 지나도 밭에서는 싹 하나 트지 않았습니다. 남자의 이러한 정성을 계속 지켜봤던 이웃 사람이 다가와 질문했지요.

"아무것도 자라지 않는 밭에서 왜 이런 고생을 합니까?"

그러자 남자는 "시간이 필요합니다"라고 대답했습니다. 남자는 다음 해에도 또 그 다음 해에도 싹이 트지 않는 대나무밭에 지치지 않고 매일 물을 주었습니다. 이웃 사람이 참지 못하고 다시 물었지요.

"당신 미친 거 아닙니까? 왜 이런 일을 계속 합니까?"

하지만 이번에도 남자는 "시간이 필요합니다"라는 말만 되풀이했습니다. 3년째 되는 해 어느 날, 남자는 짐승들이

들어가지 못하게 대나무 밭 주위에 낮은 울타리를 세웠습니다. 그러고는 또다시 아침마다 개울에 가서 물을 길어와 대나무 밭에 주었지요. 그러다 드디어 작지만 파란 새싹이 흙을 뚫고 솟아나기 시작했습니다. 싹을 틔운 대나무는 쑥쑥 자라 6주 만에 무려 18미터가 자라났습니다. 싹조차 나지 않던 대나무는 뿌리를 더 깊고 넓게 뻗고 있었던 것입니다.

아이가 책을 읽는 동안 겉보기에는 아무 일도 없는 것 같지만 책을 읽는 아이들의 뇌 속에서는 새로운 어휘들로 폭발하듯 변화가 일어나고 있습니다. 아이가 읽고 싶은 책을 꾸준히 읽도록 도와주면 우후죽순의 대나무처럼 성장할 것입니다. 부모는 그때를 기다리며 아이를 지원해야 합니다.

◆ Check point! ◆
아이는 자기가 읽고 싶은 책을 읽어야 포기하지 않습니다.
읽고 싶어하는 책을 선택하도록 도와주세요.

만화책도 엄연한
책 읽기의 성장 과정

_____

모든 아이의 생애 첫 책은 그림책이다

아이가 간신히 한글을 깨치고 '이제 알아서 잘 읽겠지'
하고 기대했더니, 만화책만 산처럼 쌓아놓고 읽는다면 얼마
나 속이 탈까요. 만화책이라 읽는 데 오래 걸리지도 않으니
한 시간도 채 되지 않아서 다 읽었다며 딴짓을 하면 이 또한
못마땅한 것도 당연합니다. 무조건 기다리면서 응원해주라
는 조언 역시 부모 입장에서는 답답한 소리일 수 있습니다.

십인십색(十人十色)이라고 하지요. 옆집 부부와 우리 부부가 다르듯 옆집 아이와 내 아이는 분명히 다릅니다. 옆집 아이가 글밥 많은 책을 읽는 데는 책과 친해진 그만한 이유가 있기 때문일 것입니다.

톨스토이는 "모든 불행은 남과 비교하면서부터 시작된다"고 했습니다. 옆집 아이의 이야기에 귀가 솔깃했던 것은, 사실 부모의 조바심 때문이 아닐까 생각해야 합니다.

만화책이라도 집중하고 있다면 아이는 분명히 책을 읽고 있는 중이란 것을 알아야 합니다. 모든 아이의 첫 책은 그림책입니다. 읽는 책이 늘어날수록 그림은 점점 줄어들고 그 자리를 글자들이 채웁니다. 만화책은 그 과정에 포함되어 있습니다.

《크라센의 읽기 혁명》의 저자이자 미국의 교육 석학인 스티븐 크라센 박사(Stephen D. Krashen)는 그의 책에서 '만화책과 읽기의 관계'에 대해 많은 부분을 할애했는데, 만화책은 아이들의 읽기를 방해하는 것이 아니라 오히려 읽기의 성장을 돕는 역할을 한다고 밝혔습니다.

우리가 주목해야 하는 것은 아이가 책을 펼쳐서 읽고 있다는 사실입니다. 한 권 읽고, 두 권 읽고, 열 권짜리 시리즈를 읽으면 아이는 책이 게임만큼 재미있다고 느낄 것입니다.

만화책은 그림책과 글밥 많은 책 사이를 잇는 다리 역할을 합니다. 제아무리 내용이 재미있고 훌륭하다고 해도 갑자기 글밥이 많은 책을 읽으라고 하면 시작할 엄두를 내지 못합니다. 하지만 만화책과 같은 가벼운 읽기를 꾸준히 하다 보면 언어 기능이 점점 발달되면서 자연스럽게 글밥 많은 책을 읽을 수 있습니다. 특히 책에 아예 관심을 보이지 않는 아이에게 만화책을 권한다면 책 읽기에 호감을 느낄 확률이 높겠지요.

만화책에 푹 빠져버린 아이의 모습을 보면 정말 놀랍습니다. 그 좋아하던 유튜브 시청이나 게임도 하지 않고, 모든 감각은 차단한 채 오직 만화책만 눈에 보이는 듯 온전히 집중하면서 읽지요. 한 권을 끝내자마자 다음 책을 펼치고는 무섭도록 빠져드는 아이를 보고 있노라면 그 집중력에 혀를 내두를 지경입니다. 그런 점에서 책에 푹 빠지는 재미를 배우는 데는 만화책만 한 게 없습니다.

학습만화는 '이유식'과 같다

학습만화도 주목해볼 필요가 있습니다. 정말 좋은 학습만화 책들이 많이 출간되기 때문입니다. 최근 몇 년 동안 학습만화 시장에 큰 변화가 생기기 시작했습니다. 역사, 과학 등 다양한 분야의 학습만화가 출간되고, 명작 소설에 삽화를 곁들인 시리즈물도 어린이들 사이에서 인기몰이 중입니다. 출판계에서도 학습만화 시장의 열기가 가장 뜨겁습니다. 부모들이 한 번쯤은 읽어봤을 채사장의 '지대넓얕 시리즈'가 어린이를 위한 학습만화 시리즈로 출간되었고, 《과학 콘서트》로 잘 알려진 뇌과학자 정재승 교수도 '인간 탐구 시리즈' '인류 탐구 시리즈' 등의 학습만화를 통해 어린이들에게 뇌과학을 알리고 인류의 역사를 설명하고 있습니다.

성인 독자에게 유명한 작가들이 왜 학습만화를 출판하는 것일까요? 좋은 콘텐츠를 아이들에게도 전해주고 싶기 때문입니다. 그래서 성인 독자에게 통했던 자신의 콘텐츠를 요즘 아이들의 눈높이에 맞춰서 쉽고 재미있는 학습만화 구성으로 만드는 것입니다. 2010년 이후 출생한 아이들을 이른바 '알파 세대'라고 부릅니다. 알파 세대는 태어날 때부터 인터넷이 존재했고, 인터넷 영상을 보며 젖병을 빨았기 때문에 영상이 활자보다 더 친숙합니다. 영상과 활자, 그 중간에서 징검다리 역할을 하는 것이 바로 만화책이고 학습만화입니다. 특히 어려운 개념을 쉽게 풀어 이해를 도와주는 학습만화는 일반 만화와 다른 장점이 있습니다. 어려운 과학지식이나 용어를 쉽게 풀어놓으니 아이의 책 읽기에도 많은 도움을 줍니다. 이런 학습만화들을 단순히 만화책이라고 폄하할 수 있을까요?

내로라하는 독서가들도 인터뷰에서 어릴 적 미친 듯이 만화책을 읽었다고 말하는 경우가 적지 않습니다. 어떤 독서가는 어른이 된 지금도 틈나면 만화책을 펼친다고 합니다. 만화책을 읽으면서 자연스럽게 책을 읽는 재미를 익혔기 때문에 어른이 되어서도 만화책 읽기를 그만두지 못하는 것이지요. 수많은 독서가들의 책 읽기 경험은 우리 아이들에게도 일어날 수 있습니다.

책 읽기는 아이에게 밥을 먹는 것과 같습니다. 아기가 태어나면 어른과 같은 쌀밥이 아니라 모유나 분유를 먼저 먹이지요. 아기는 이가 없어 씹을 수 없으니, 액체 형태의 영양소를 삼키면서 끼니를 채웁니다. 유치가 자라기 시작할 때가 되면 이유식을 먹습니다. 잘게 부순 알갱이가 있는 죽이지만 굳이 씹지 않아도 되는 농축된 영양 덩어리입니다. 아기가 이가 모두 생기고 잘 씹을 수 있을 때, 그때 비로소 조심스럽게 밥을 먹입니다. 조급한 마음에 아직 유치도 나지 않은 아기에게 어른이 먹는 밥을 먹이지는 않으니까요.

책 읽기도 마찬가지입니다. 아이가 글을 깨치자마자 활자로 가득한 책을 줄줄 읽고 내용을 이해하지는 못합니다. 그림책이 모유나 분유라면, 만화책과 학습만화는 이유식과 같습니다. 설렁설렁 그림만 보는 것이 아니라, 엄연히 책 읽기의 성장 과정을 거치고 있는 것입니다. 아이가 이가 나서 스스로 꼭꼭 씹어 쌀밥을 먹는 날을 기다리듯 곁에서 기다려주는 것, 그것이 정답입니다.

◆ Check point! ◆
아이가 만화책을 좋아한다면,
독서인으로 가는 첫 번째 계단에 올라선 것입니다.

스마트폰을 다루는
바람직한 자세

———

문맹은 없어도 책맹은 있다

아이가 초등학교를 입학할 즈음 문제가 하나 생깁니다. 바로 스마트폰입니다. 아이들이 너 나 할 것 없이 스마트폰을 가지게 되면서 "엄마 아빠, 나도 스마트폰 사줘!"라고 칭얼대기 시작합니다. 요즘 학생들의 독서량 감소와 문해력 저하에는 스마트폰이 큰 몫을 차지하고 있습니다.

만약 아직 자녀에게 스마트폰을 사주지 않았다면 그 시

기를 최대한 늦춰야 합니다. 특히 자녀가 취학 전이라면 더더욱 그래야 합니다. 또한 자녀가 이미 가지고 있다고 하더라도 아이와 함께 스마트폰 사용에 대해 깊이 생각해봐야 합니다.

대한민국에서 '문맹(文盲)'이란 단어는 이제 거의 등장하지 않습니다. 글을 읽지 못하고 쓰지 못하는 사람은 많지 않습니다. 세상에서 가장 쉽게 익힐 수 있는 과학적인 한글을 우리 언어로 사용하는 덕분이기도 합니다. 하지만 책을 잘 읽지 못하는 '책맹(冊盲)'은 아직도 존재하며 그 수도 적지 않습니다. 요즘 학생들의 문해력이 부족하다고 하지만, 성인들 역시 리터러시(literacy) 즉, '문자로 된 기록물을 통해 지식과 정보를 획득하고 이해할 수 있는 능력'이 부족합니다. 글을 잘 읽지 못하고 쓰지 못하는 어른이 많다는 것입니다. 그 이유가 뭘까요?

책을 읽지 않기 때문입니다. 요즘은 성인뿐 아니라 모든 연령층이 스마트폰, TV, 인터넷, 게임에 과도한 시간을 보내고 있습니다. 2019년 미국 시장조사기관인 퓨 리서치(Pew Research)가 27개 국가를 대상으로 조사한 결과에 따르면, 우리나라가 스마트폰 사용자의 비율이 전체 국민의 95%로, 조사한 국가 중 가장 높은 것으로 나타났습니다. 5년 전 조사라는 사실을 감안하면 현재 그 비율은 훨씬 높아졌을 것입니다. 요즘 학교나 학원을 오가는 청소년들만 봐도 대부분이 스마트폰을 보며 걷거나 손에서 떼지 않는 모습을 흔하게 볼 수 있습니다. 더 큰 걱정은 초등학생뿐 아니라 미취학 아동들도 스마트폰을 갖고 있는 비율이 점점 늘어나고 있다는 것입니다.

부모 입장에서 스마트폰은 자녀에게 줄 수도, 안 줄 수도 없는 가장 큰 딜레마입니다. 아이 손에 스마트폰을 쥐어주면 분명히 예전보다 영상에 더 심취할 것을 알지만, 다른 집 아이들도 모두 하나씩 가지고 있으니 내 아이만 없으면 행여나 뒤처질까 봐 걱정입니다. 또 학원이나 과외를 받으러 집을 나서면 급한 때나 비상시에 통화가 필요하니까 어쩔 수 없이 스마트폰을 쥐어줍니다.

갈등은 그때부터 시작됩니다. 무엇보다 아이가 하루 종일 스마트폰에 시선을 빼앗기는 것입니다. 부모 세대는 집에서 TV만 본다고 엄마 아빠한테 잔소리를 들었는데, 요즘은 원하면 언제 어디서든 스마트폰을 통해 유튜브나 OTT 서비스 등을 이용할 수 있어 더욱 심각합니다.

스마트폰은 시간을 빼앗는 괴물이다

스마트폰은 그야말로 자녀의 시간을 잡아먹는 괴물입니다. 2018년 미국의 한 조사에 따르면, 10대의 약 15%가 하루 평균 200개 이상의 문자를 보고 분 단위로 한 개의 문자를 보낸다고 발표했습니다. 또한 2020년 일본 정부 조사에 따르면 10~17세 청소년의 스마트폰 사용 시간은 하루 평균 2시간 40분이며, 고등학생의 20%는 5시간 이상 사용한다고 합니다. 이 수치는 일을 하는 보통 어른들보다도 많은 숫자입니다.

스마트폰에 문자나 카톡이 도착하면 얼른 보고 답해야 하는 것이 요즘 학생들 사이에서의 예의입니다. 소위 '읽씹(메시지를 읽고 답하지 않는 짓)'을 하면 상대에게 상처를 줄지도 모르기 때문입니다. 그러다 보니 학생의 의지와 상관없이 수시로 쏟아지는 문자가 오면 거기에 시간을 들이며 매달릴 수밖에 없습니다. 자극적인 쇼츠 영상에 빠져 허비하는 시간도 무시할 수 없지요.

이렇게 한눈 파는 시간을 모두 합하면 하루에 무려 5시간이나 된다는 연구 결과가 있을 만큼 스마트폰 덕분에 흩어지는 시간은 어마어마합니다. 그로 인해 학습 집중력이 떨어지는 것도 걱정이지요. 학습지나 숙제에 집중하는 틈을 뚫고 예고 없이 날아드는 문자와 알림은 공부의 최대 적입니다. 하던 공부를 접고 문자에 대답하고, 다시 공부를 시작해 집중하는 데 걸리는 시간이 평균 24분이라는 연구 결과도 있습니다. 하루 중 평균 5시간의 딴짓과 문자, 그리고 SNS 알림, 이로 인해 흐트러진 집중력을 만회하는 시간을 합하면, 우리 아이들은 거의 하루 종일 집중하지 못한다고 봐도 과언이 아닙니다.

스티브 잡스도 안 좋은 줄 알았다

어른들이야 뭔가 집중할 일이 생기면 '내가 이럴 때가 아니야. 일을 먼저 해야지'라고 생각하고 스마트폰을 무음으로 해놓거나 잠시 꺼두고 몰두할 수 있습니다. 하지만 초등학생 아이들은 불가능합니다. 무슨 내용인지 궁금해서 꼭 확인을 하고 싶어지거든요. 스스로 절제하는 능력이 부족한 아이들은 잠시라도 한가한 시간이 생기거나 조금이라도 지루하다 싶으면 습관적으로 스마트폰을 들어 짧은 동영상을 보거나 잽싸게 SNS를 화면을 아래로 당겨 새로 고침을 합니다.

이 정도면 스마트폰 중독이라고 해야 합니다. 끊임없이 다운로드와 업로드를 반복하고, 메신저와 문자에 매달리고, 유튜브와 인터넷 검색을 하며 온라인 친구들과 대화하는 통에 혼자 있지만 혼자가 아닌 상황이 됩니다. 이 때문에 아이들은 창의력은커녕 스스로 생각하기조차 불가능하게 되어버렸습니다. 많은 전문가들이 이런 상황이 이어진다면 우리나라에서 제 2의 스티브 잡스나 빌 게이츠 같은 혁신적인 사업가나 예술가, 사상가가 탄생할 수 없다고 걱정하는 것도 당연합니다.

정작 스마트폰을 전 세계에 퍼뜨린 스티브 잡스는 자녀들이 고등학생이 될 때까지 스마트폰을 갖지 못하도록 했습니다. 빌 게이츠도 자녀가 14세가 될 때까지 스마트폰을 주지 않았습니다. 이들은 스마트폰이 시간 잡아먹는 괴물이라는 것을 누구보다 잘 알고 있었던 것입니다. 동시에 그들은 아이들은 스마트폰을 적당히 사용할 만큼 충분한 자제력이 없다는 것도 익히 알고 있었습니다. 하지만 우리 아이들은 나만 없다는 이유로 이런 괴물을 아무 거리낌 없이 사들이고 금쪽같이 소중한 시간까지 바치고 있습니다.

스마트폰 없어도 왕따 당하지 않는다

저와 같은 아파트에 사는 민수(가명)라는 6학년 아이가 있습니다. 민수는 저희 아이가 초등학교에 입학하기 전부터 자기가 읽은 책을 한아름 물려줄 만큼 책을 좋아하던 두 살 형입니다. 밝은 성격에 붙임성도 좋고, 똑똑한 데다 말도 잘해서 '우리 애도 민수만큼만 자라면 좋겠다' 싶을 만큼 훌륭한 아이였지요.

그런데 지난해 스마트폰이 생긴 후부터 민수가 돌변해 버렸습니다. 요즘 민수는 길에서 마주칠 때면 스마트폰을 들여다보느라 고개를 파묻고 있어서 인사는 고사하고 아예 눈도 마주칠 수 없는 지경이 되었습니다. 늦은 밤 아파트 로비에 마련된 소파에 기대어 오랫동안 게임을 하는 모습도 종종 보였습니다. 어느 날은 사우나에서 민수를 만났는데, 옷을 모두 벗은 채 탈의실에서 30분 넘게 줄곧 게임을 하더니 샤워는 하지 않고 머리에 물만 묻힌 채 1~2분 만에 황급히 뛰쳐나가기도 했습니다. 부모님을 속이고 게임을 하러 사우나에 온 것이었지요.

예전과 달라진 민수를 보고 저도 무척 놀랐지만, 아이는 더 크게 실망했습니다. 나중에 민수 아버님을 만나 이야기

나눌 일이 있었습니다. 스마트폰이 생긴 뒤 아이의 학교생활이 엉망이 되어버렸다며 걱정하더군요. 아이에게 민수는 안타까운 반면교사가 되었습니다.

세 딸을 하버드에 입학시킨 재미교포 엄마의 인터뷰를 본 적이 있습니다. 그녀는 딸들을 하버드에 합격시킨 비결 중 하나로 스마트폰을 사주지 않은 것을 꼽았습니다. 그 엄마는 아이에게 스마트폰이 없다 해도 절대 왕따당하지 않으며, 스마트폰이 없다고 아이들이 시대에 뒤떨어지는 것은 아니라고 단언했습니다. 아울러 딸들이 대학을 합격하자마자 스마트폰을 구입해주니 채 한 달이 되지 않아 금방 친구들을 따라잡을 만큼 능숙하게 다루더라며 놀라더군요. 스마트폰은 사용 방식이 너무나 직관적이어서 어린아이들도 쉽게 익힐 수 있을 정도니까요.

아이가 스마트폰이 없다고 해도 절대로 또래들에게 뒤처지지 않습니다. 오히려 스마트폰을 갖지 않으면 또래들이 모인 대화방에서 벌어지는 온갖 말다툼이나 온라인 왕따에 개입할 일이 아예 없어집니다. 홀로 있는 아이의 안전이 너무 걱정된다면 통화만 가능한 휴대전화나 스마트워치 정도를 마련해주는 것도 방법입니다.

스마트폰은 최대한 늦게 쥐어주자

이미 스마트폰이 있는 자녀라면 어떻게 해야 할까요? 스마트폰 사용으로 인한 다양한 부작용에 대해 알아보고 아이와 깊이 있는 대화를 나눠야 합니다. 요즘처럼 학원 다니기 바빠 시간도 없고 함께 놀 친구도 없어서 밖에서 마음껏 뛰어놀 수 없는 아이의 현실을 부모가 먼저 이해하는 것도 필요합니다. 지금까지 온라인과 게임에서 만난 친구들과의 관계도 고려해서 아이가 온라인 활동을 해야 한다면 언제 얼마나 시간을 할애할지 함께 고민하고 아이가 스스로 온라인 활동 시간을 정하는 과정이 필요합니다.

스스로 시간을 정하고 관리할 수 있는 자율성을 얻으면, 아이는 '이 일은 내가 결정한 거야' 하는 만족감을 느낍니다. 물론 가끔 지키지 않을 때도 있겠지만, 시행착오를 거치는 과정으로 여기고 아이가 관리하도록 해야 합니다. 스마트폰 사용 시간을 확인하거나 정해놓은 시간이 되면 이용을 제한하는 앱의 도움을 받으면 좋습니다. 무엇보다 아이가 스마트폰 사용을 자제하기 위해서는 부모가 먼저 아이 앞에서 스마트폰을 즐기는 모습을 가급적 보이지 말아야 합니다.

스마트폰을 들여다보며 저도 모르게 흘려보내는 하루

평균 5시간은 아이의 학업과 건강, 정서를 높이는 데 충분히 쓰고도 남은 시간입니다. 이 시간만 잘 조절해도 아이는 훌륭하게 자라고 공부도 잘할 것입니다. 물론 책 읽을 시간도 충분해지겠지요. 만약 아이가 스마트폰 중독이 의심될 정도라면 부모가 나서서 하루라도 빨리 개선을 위해 노력해야 합니다.

◆ Check point! ◆
아이가 스마트폰을 최대한 늦게 갖도록 하세요.

아이는 부모의 등을 보고 자란다

거실 먼저 서재로 바꾸자

저희 아이는 어릴 때부터 입이 짧아 좀처럼 밥을 먹으려 하지 않았습니다. 잘 먹지 않으니 체격도 왜소하고 키도 잘 크질 않았습니다. 아이의 더딘 성장은 부모에게는 큰 걱정거리입니다. 입맛이 좋아진다는 영양제나 한약도 먹여봤지만 여전히 밥상 앞에서 고개를 가로저었습니다. 어떻게든 밥을 먹여야 했기에 급한 대로 동원한 것이 유튜브였습니다.

식사 시간이 되면 스마트폰이나 태블릿을 켜고 아이에게 영상을 보여주면서 밥을 먹였습니다. 밥을 먹지 않으면 영상을 끈다고 하니 그제야 한 숟가락씩 먹기 시작하더군요. 엄밀히 말하면 영상에 취해 뭘 먹는지도 모른 채 입으로 밥을 밀어넣은 셈입니다. 이런 습관을 들이면 안 된다는 것을 알았지만, 마냥 굶길 수는 없었습니다. 그렇게 TV나 인터넷 영상을 보여주며 밥을 먹인 것이 2~3년 정도 될 때 즈음, 아이가 초등학교에 입학하면서 부작용이 나타나기 시작했습니다.

아이가 틈만 나면 영상을 보려 하고 도통 책을 읽으려 하지 않는 것이었습니다. 책을 보려는 시도조차 하지 않았지요. 게다가 하루 종일 영상을 보느라 눈이 나빠져서 초등학교에 입학했을 때 이미 안경을 써야 했습니다. 자업자득이었지만 마냥 손을 놓고 있을 수는 없었습니다. 아이 앞에서 재미있는 표정으로 책을 읽어보고, 잠자기 전 책을 읽어주려고 했지만 도통 관심을 끌 수 없었습니다. 이대로 두면 정말 큰일나겠다 싶었습니다. 뭔가 특단의 조치가 없다면 이대로 영영 책을 읽지 않는 아이로 남을 것 같다는 두려움이 밀려왔습니다.

아이가 2학년을 준비하던 겨울 방학 때였습니다. 집 안 대청소를 하면서 거실에 있던 TV 대신 커다란 탁자를 놓은 뒤 제 방에 있던 책장을 옮겨놓았습니다. 아이를 심심하게 만들기로 한 것입니다(TV는 안방으로 옮기고, 아이가 잠든 후에 보기로 아내와 결정했습니다). 저희 부부는 아이가 거실에 있을 때 옆에서 책을 읽기 시작했습니다.

물론 한동안 대혼란이 일어났습니다. 아이는 저녁마다 영상을 틀어달라고 조르며 식사를 거부한데다, 평소 조용한 방에서 혼자 책을 읽던 저 역시 거실에서 아이를 앞에 두고 자랑하듯 읽으려니 정말 힘들었습니다. 심심해서 어쩔 줄 모르는 아이 때문에 주위가 산만해져 좀처럼 책이 손에 잡히지도 않았습니다. 저녁마다 TV 시청이 취미였던 아내도 금단 현상을 겪었지요.

하지만 아이의 책 읽기를 위해서는 모든 것을 감수해야 했습니다. 저도 '집중해서 읽지 못할지언정 읽는 모습이라도 보여주자'라고 생각하고 아이와 함께 있을 땐 책을 읽는 척이라도 했습니다.

처음에는 아이가 갑작스레 바뀐 상황을 받아들이기 힘

들어했습니다. 결국 식사 시간에는 여느 때처럼 태블릿을 켜고 인터넷 영상을 보며 밥을 먹게 했습니다. 하지만 밥을 먹고 나면 영상 시청을 중단했고, 그 후에는 아이가 할 것이 사라졌습니다. 예전 같으면 거실 소파에 앉아 엄마 아빠와 함께 TV라도 볼 텐데 저희 부부가 TV 대신 책을 읽고 있으니 아이가 '나는 뭘 해야 하나' 하고 난감해하는 것이 보였습니다.

하지만 저는 "아이에게 너도 이리로 와서 같이 책을 읽자" 하고 권하지 않았습니다. 그럼 오히려 역효과가 날 것 같았기 때문입니다. 아이는 정말 심심했는지 집 안에 있던 온갖 장난감을 꺼내어 혼자 놀았습니다. 그렇게 하기를 일주일 정도 지났을까. 빈둥거리는 것도 지쳤는지 마침내 부모를 따라 거실 서재에 있는 자기 책장에서 책을 한 권 집어드는 것이었습니다. 거실에서 TV와 인터넷을 치운 지 일주일 만에 일어난 일입니다.

자기 방 있어도 공부는 거실에서

《부자의 방》의 저자이자 일본 건축가인 야노 케이조는 그의 책에서 아이의 방은 공부방 용도가 아니라 침실용으로 주어져야 한다고 말합니다.

미국 영화나 드라마를 보면 근사한 방이 자주 등장하기 때문에 '사생활을 중시하는 미국 문화에 맞게 각자 방에서 시간을 보내는군'이라고 생각하기 쉽다. 하지만 실상은 절대로 그렇지 않다. 많은 미국 가정에서는 부부와 아이들이 각자 침실을 갖는다. 하지만 미국인에게 침실은 정말로 '잘 때만 들어가는 방'이다. 깨어 있을 때는 모두 거실에 모여 함께 시간을 보낸다. 또 식사를 한 뒤 각자 방에 틀어박히는 일도 없다. 아이들은 학교에서 돌아오면 거실이나 주방, 또는 식구들이 모여 있는 공간에서 공부를 하고 숙제를 한다. 설령 자기 방에서 공부를 하더라도 방문을 닫은 채 외부와 완전히 차단하지 않는다.

— 야노 케이조, 《부자의 방》 중에서

가끔 사춘기 자녀를 둔 부모들로부터 아이들이 방을 마치 '자기만의 성'처럼 여기고, 작은 갈등만 생겨도 부모는 한 발자국도 들어오지 못하게 한다며 원통해하는 소리를 종종 듣습니다. 아이 방을 만들어주면서 "이제부터 네 할 일은 여기서 하는 거야, 알았지?" 하고 부모가 먼저 선을 그

어버린 바람에 아이 방은 저만의 성역이 되어버린 것이지요. 저자는 아이에게 방을 만들어주되 개방된 공간으로 잠만 잘 수 있게 하고, 거실은 서재, 즉 가정 도서관처럼 만들어 이곳에서 공부하고 책을 읽는 분위기를 조성해야 한다고 했습니다.

아이의 공부 습관, 집에서 결정된다

EBS 영어 일타강사로 유명한 정승익 선생은 《어머니, 사교육을 줄이셔야 합니다》에서 "아이의 공부 습관은 먼저 집에서 만들어야 한다"고 말합니다. 집에서 공부 하는 습관이 들지 않은 아이는 학원을 가서도 공부를 잘할 수 없으니, 공부 습관 없이 사교육에 돈을 들이지 말라는 것이었습니다. 그러면서 아이의 공부 습관을 만들어주는 방법으로 "거실에서 공부하는 부모가 되라"고 조언합니다. 부모에게 거실에서 TV 보는 것을 포기하기란 정말 가혹하지만 아이가 공부 습관이 들게 하려면 반드시 필요한 특급처방이라는 것이지요.

저는 바쁜 아빠라서 저녁 시간에 아이들과 함께 하는 시간이 적지만. 그래도 집에 있는 동안은 아이들과 같이 거실에 모여서 저녁 시간을 보내려고 노력합니다. 이를 위해서 거실에는 TV를 없애고, 책장에 책을 가득 꽂아두었습니다. 거실에 2미터에 달하는 대형 테이블을 놓아서 여기서 밥도 먹고, 공부도 하고, 이야기도 나눕니다. 소파가 있으면 더 편안한 소파에 앉을 것이기에 소파도 없앴습니다. 거실에 놓인 긴 책상에 모여서 아이들을 책을 보거나 해야 할 공부를 하고, 저는 옆에서 신문을 보거나 책을 봅니다.

– 정승익, 《어머니, 사교육을 줄이셔야 합니다》 중에서

거실을 서재로 만드는 일을 시작하는 시기는 빠르면 빠를수록 좋습니다. 특히 아이가 공부를 시작하는 초등 1~2학년 때라면 적극 추천합니다. 그래야 아이가 공부 습관이 들기 쉬울 테니까요. 자녀가 초등 3~6학년이라 해도 걱정할 필요 없습니다. 아이가 공부 습관을 들이는 데 늦은 시기는 없으니까요.

좋은지 알지만 막상 거실에서 TV를 치우고 서재로 만들려고 하면 엄두가 나지 않을 수 있습니다. TV가 없는 거실은 상상만 해도 두렵지요. 하지만 그렇게 환경을 바꾸어 아

이가 공부를 잘할 수 있다면 부모가 무엇을 못할까요?

거실 공부의 장점을 한 번 더 강조하기 위해서 공부를 하기 어려운 상황을 그려보겠습니다. 아이가 집에 왔는데 부모님은 거실에서 대형 TV로 재밌는 예능 프로그램을 시청하고 있습니다. 아이도 옆에 앉아서 같이 보고싶겠죠. 그런데 부모는 자녀에게 방에 들어가서 숙제를 하라고 명령합니다. 그러면 아이는 씩씩대면서 방으로 들어갑니다. 그렇게 불만 가득한 표정으로 책상에 앉았는데 도무지 공부를 하고 싶은 '동기'가 안 생깁니다. 거실에서 들려오는 TV 소리에 신경이 쓰이고, 부모님이 원망스럽습니다. 공부를 하고 싶어도 도무지 집중이 되지 않으니 에너지 소모가 심합니다. 그렇게 아이는 방에서 제대로 된 공부를 안 하게 되는 것입니다.

초중고 부모들이 한 달 동안 지출하는 사교육비는 평균 70만 원 정도 된다고 합니다. 실제로는 70만 원보다 더 많은 사교육비를 지출하는 것이 현실입니다. 이렇게 많은 돈을 사교육비로 지출하려면 부모는 여기저기 아끼면서 돈을 덜 써야 하거나, 더 많은 일을 해야 할 것입니다. 하지만 아이가 사교육을 더 많이 받는다고 학업 능력이 쑥쑥 올라간다는 보장이 없습니다. 공부하는 습관이 먼저 들어야 사교육도 효과를 발휘할 테니까요. 아이의 공부 습관은 가정에서 만들어줘야 합니다. 그래야 학원에 가서도 제대로 공부를 할 수 있습니다.

– 정승익, 《어머니, 사교육을 줄이셔야 합니다》 중에서

우리 아이가 가정에서 공부 습관을 익히려면 가장 좋은 방법은 거실을 서재로 만드는 일입니다. 그러려면 부모가 불편을 무릅쓰고 먼저 변화해야 합니다. 부모가 변하면 아이도 변할 수 있습니다. 아이의 공부 습관은 부모의 변화에 달렸습니다.

부모가 먼저 책을 읽자

부모가 책을 많이 읽으면 자녀 역시 덩달아 많이 읽는다는 학자들의 연구는 차고 넘쳐날 정도입니다. 반대로 말하면 부모가 책에 관심이 없으면 자녀의 독서량도 마찬가지라는 의미입니다.

하루 종일 일하고 집에 돌아와 소파에 편하게 기대어 TV를 보는 것이 유일한 낙이었던 저도 어쩔 수 없이 생활 습관을 바꿔야 했습니다. 힘들지 않았다면 거짓말이겠지요. 하지만 "어제와 똑같이 살면서 다른 미래를 기대하는 것은 정

신병 초기 증세이다"라고 아인슈타인이 말했던 것처럼 현실에 문제가 있다면 변화를 주어야 합니다. 내 아이가 수천 명의 천재들이 힘을 합쳐 만들어낸 앱과 싸워서 이길 수 있는 방법은 없습니다. 유일한 방법은 아이가 스마트폰을 들여다보지 않도록 하는 것입니다. 그러려면 부모가 먼저 아이 앞에서 스마트폰을 보지 말아야 합니다.

아이가 스마트폰을 들여다보지 않으면 자연스럽게 그만큼의 여유가 생깁니다. 그 시간은 아이가 무엇을 하든 '아이의 시간'이 됩니다. 아이의 몸과 두뇌와 마음이 자라는 시간이 되지요. 아이가 심심해지면, 그리고 부모가 책을 읽고 있으면 아이도 따라서 책을 읽습니다.

올해 5학년이 된 우리 집 아이는 요즘도 혼자 밥을 먹을 때면 거실에 있는 컴퓨터를 켜고 유튜브를 보면서 밥을 먹습니다. 아이가 하루 중에 유일하게 인터넷을 보며 노는 시간은 혼자 밥 먹는 시간뿐입니다(아이에게는 스마트폰이 없습니다). 하지만 식사를 마치면 아이는 따로 말하지 않아도 제 스스로 컴퓨터를 끈 다음, 그날의 학교 숙제와 공부를 합니다. 남는 시간에는 자기가 읽고 싶은 책을 마음껏 읽은 뒤, 노트에 독서록을 씁니다. 지난해 여름 방학부터는 신문도 읽기 시작했습니다. 3~4년 전에는 상상조차 할 수 없던 일입니다.

"아빠, 나더러 책 읽으라고 하면서 스마트폰 보고 있는 건 너무한 거 아냐?"

며칠 전 저녁을 먹고 난 뒤 아이가 제게 한 말입니다. 저녁 식사 후 아이가 거실에서 숙제하고 공부하는 동안 전날 쓴 이 책의 원고를 수정하려고 스마트폰으로 읽고 있을 때였지요. 저는 아이에게 글을 쓰고 있었다고 설명하고 싶었지만, 겉으로 보기에 저는 분명히 스마트폰에 빠져 있었습니다.

"미안해. 안 볼게."

저는 얼른 스마트폰을 끄고 책을 집어 들었습니다. 책 읽는 아이를 키우고 싶다면 최후의 방법은 부모가 함께 책을 읽는 것밖에 없습니다. '부모는 극한직업'이란 말이 달리 나오는 것이 아닙니다.

'아이는 매일 부모를 용서하며 잠든다'는 말이 있습니다. 정작 부모는 TV나 스마트폰을 마음껏 보면서 아이더러 공부해라, 책 읽어라 잔소리한다면 아이는 속으로 '쳇, 자기는 스마트폰 보면서 왜 나한테만 책 읽으래?' 하고 마음속으로 부모를 흉봅니다. 어디 그뿐인가요? '책이 그렇게 좋다면서 자기들은 왜 안 읽는데?'라고 불평할지도 모르지요. 아이 가장 가까운 곳에 있는 롤모델은 바로 부모입니다.

◆ Check point! ◆

아이가 심심해지면 책을 찾습니다.
아이가 책을 읽을 수 있는 환경을 만들어주세요.

PART 02

취학 전
독서에
재미 붙이기

책 읽어주기가
독서의 시작이다

부모가 읽어주는 것을 좋아한다

'한 아이를 키우려면 마을 하나가 필요하다'라는 아프리카 속담이 있습니다. 아이 키우기가 그만큼 힘들고 어렵다는 뜻이지요. 그중에서 요즘 부모들이 가장 힘들어하는 일이 아이가 책을 좋아하게 만들어주는 것입니다. 자녀의 독서 교육을 위해 학원을 보내는 등 사교육에 의지할 수도 있지만, 굳이 큰 비용을 들이지 않아도 되는 방법이 있습니다.

아동 문학가 닐 게이먼(Neil Gaiman)은 "글을 잘 읽고 쓰는 아이로 키우는 가장 간단한 방법은 아이들이 책을 읽도록 가르치고 읽기가 즐거운 활동이라는 것을 보여주는 것이다"라고 말했습니다. 그런데 어떻게 하면 아이에게 책 읽기가 즐거운 활동이라고 알려줄 수 있을까요? 바로 부모가 아이에게 책을 읽어주는 것입니다.

아이가 태어나서 스스로 책을 읽기까지는 최소 6~7년이라는 제법 긴 시간이 필요합니다. 한글을 먼저 익혀야 하기 때문입니다. 하지만 부모가 아이에게 책을 읽어주면 한글을 몰라도 책을 읽는 효과를 얻을 수 있습니다. 책 읽기는 빨리 시작할수록 좋고, 가능하면 유아기부터 시작하는 것이 좋습니다.

아이가 영유아기가 되면 상대와 눈을 맞추고 소리에 반응합니다. 이 시기에 엄마 아빠는 누가 시키지 않아도 아이에게 말을 들려주려고 노력하지요. 엄마 아빠의 목소리를 듣고 아이가 눈을 맞추고 웃으면 그 모습이 반가워서 말도 안 되는 의성어를 하며 대화를 이어가려고 하기도 합니다.

바로 이때 아이에게 책을 읽어주어야 합니다. 아이가 목을 가눌 수 있고 사물을 인식하고 소리를 들을 수 있을 때 책을 읽어주면 좋습니다. 이어서 아이가 사물을 인지하기 시작하고 뭐든 만지려고 할 때가 되면 무릎에 앉혀 손가락으로 글자를 하나씩 짚어가면서 읽어주세요. 부모가 책을 읽어주기 시작하면 아이는 가정에서 듣던 단어와는 전혀 다른 단어들을 배우게 됩니다.

아이가 말을 알아듣느냐 아니냐는 중요하지 않습니다. 엄마 아빠의 목소리를 듣고 눈으로 보고 책을 만지며 느끼는 것만으로 아이에게 책을 읽히는 가치는 충분합니다. 가능하다면 책의 내용과 연관 지어 입 모양이나 손동작을 함께 보여주는 것도 좋습니다. 강아지 그림이 나오면 멍멍 짖고, 고양이 그림이 나오면 야옹하고 울어주세요.

아이에게 책을 읽어주면 아이는 부모의 행동을 보면서 글자가 뒤집히지 않게 책을 바로 잡는 법을 알게 되고, 글자를 읽을 때는 왼쪽에서 오른쪽으로 읽어야 한다는 것을 자연스럽게 이해하게 됩니다. 이때 아이의 뇌는 어떻게 반응할까요? 그림책에 있는 그림을 눈으로 보고 부모의 목소리를 귀로 들으면 뇌는 '내 주인이 책을 읽는다'고 판단하여 직접 책을 읽을 때와 마찬가지로 상상하고, 이해하고, 기억하는 효과를 냅니다. 부모가 읽어주는 책이 한두 권 늘어갈수록 아이의 뇌도 함께 무럭무럭 자라납니다.

책을 읽어주는 동안 아이는 자연스럽게 글도 익힙니다. 귀로는 부모의 목소리를 듣고 눈으로는 부모가 짚어주는 활자를 보면서 글자가 내는 소리를 자연스럽게 익히게 됩니다. 부모의 음성을 통해 '이렇게 생긴 건 이렇게 읽는 거구나' 하는 읽기의 모범을 배우는 것이지요. 무엇이든 즐거운 경험은 오래도록 기억나는 법이니까요.

책을 '애착 물건'으로 느끼게 하자

취학 전 아이는 집중력이 짧아 오래도록 앉아 있지 못합니다. 조금 앉아 있다 싶다가도 바로 딴짓을 하거나 책을 집어던지고 제 마음대로 책장을 확확 넘기기도 하지요. 아예 관심 없다는 듯 벌떡 일어나 다른 것에 집중하기도 합니다. 처음부터 쉬운 것은 없습니다. 이때 부모는 다 읽을 때까지 아이를 가만히 앉혀놓고 듣도록 강요하지 말아야 합니다. 아이가 무슨 행동을 하든 그저 책 읽는 소리를 계속 들려주면 됩니다. 아이는 의외로 귀가 밝아서 딴짓을 하면서도 분명 듣고 있습니다. 부모의 목소리가 재미있다고 느껴지는 대목이 나오면 다시 돌아와 부모의 무릎에 앉을 것입니다.

아이가 책 읽기를 싫어한다고 금방 포기하면 안 됩니다.

무엇이든 습관이 되려면 최소한 3주가 필요합니다. 매일매일 부모가 책을 읽어주다 보면 아이의 행동에 조금씩 변화가 생깁니다.

이 시기에 아이들이 읽는 책들은 거의 장난감 수준입니다. 글자는 거의 없이 그림으로 가득하거나 책장을 펼 때마다 다양한 음성이 지원되는 책도 있고, 책 속 그림이 입체적으로 벌떡 일어서는 팝업북도 있습니다. 얼마 없는 활자는 크기도 크고 단어도 의성어 수준이 많은데, 이 모든 것에 아이들이 책과 친해지게 하려는 의도가 숨어 있습니다. 부모와 아이가 함께 한 장 한 장 책장을 넘기고 놀면서 한 글자씩 만나게 하면 아이는 활자를 보며 발음을 배우고, 한 쪽씩 넘길 때마다 새로운 놀이가 생긴다는 것을 자연스럽게 인식합니다.

모든 부모에게 '내 아이가 읽었으면 하는 책'이 있고, '내가 읽어주고 싶은 책'이 있기 마련이지요. 하지만 그런 바람은 나중으로 미뤄두고 지금 아이가 고른 책을 먼저 읽어주세요.

만약 아이가 방금 읽었던 책을 다시 읽어달라고 조른다면, 몸은 힘들고 귀찮겠지만 반가워해야 합니다. 아이가 그

책의 내용을 흥미로워하고 있다는 뜻이기 때문입니다. 다른 책들보다 뭔가 더 재미있다는 것입니다. 같은 책을 읽어주다 보면 나중에는 아이가 부모의 목소리에 따라 손가락으로 글자를 또박또박 짚어가면서 함께 읽는 신기한 광경을 목격하게 됩니다. 이는 수십 번 보고 들으면서 외울 수 있을 만큼 그 책을 잘 이해했다는 의미입니다. 그리고 그 책은 아이가 좋아하고 아끼는 '애착 물건'이 되었다는 뜻이기도 합니다.

열 살까지 매일 책을 읽어주자

아이는 손가락으로 글자를 하나하나 짚어가며 책을 읽어주는 부모 목소리의 높낮이와 그 속에 실린 감정을 느끼면서 어떤 글자에서 어떤 소리가 나는지 감각적으로 배웁니다. 또한 글을 어떤 식으로 읽는지도 배웁니다. 이를테면 쉼표에서는 짧게 쉬고, 마침표에서는 좀더 숨을 돌리고 읽는 법도 자연스럽게 배웁니다.

아울러 부모가 언제 책장을 넘기는지를 살피고, 목소리의 리듬에 귀를 기울이면서 책 읽는 것이 재미있고 신 나는 모험이라는 것을 알아갑니다. 이렇게 부모의 목소리를 들으며 책을 읽다 보면 아이도 자기 목소리로 읽고 싶다는 욕구가 점점 강해지고 마침내 부모를 따라 읽으려고 합니다. 부모가 책을 읽어주면 아이의 집중력은 놀라울 만큼 높아집니다.

아이가 초등 1~2학년쯤 되더라도 글을 읽으면서도 말뜻을 함께 이해하는 것은 아직 어렵습니다. 이 시기의 아이들이 유독 문장을 띄엄띄엄 끊어 읽는 경우가 많은데, 이는 아이가 말뜻을 이해하면서 읽으려고 노력하기 때문입니다. 그래서 아이가 초등학교에 들어간 뒤에도 부모가 책을 읽어주는 것이 좋습니다. 아이는 스스로 읽는 수고 없이 부모의 목소리를 들으면서 마음껏 상상하고 이해하면 되니 여유롭게 책 내용에 집중할 수 있습니다.

최소한 아이가 초등 3~4학년이 되는 10세까지는 거의 매일 읽어주는 것이 좋습니다. "아이가 그 나이가 될 때까지 엄마 아빠가 책 읽어주는 걸 듣겠어?" 하고 미심쩍어 할 수 있겠지만 어릴 때부터 부모와 함께 책을 읽기 시작하면 혼자서 읽을 때와 부모가 읽어줄 때의 '책 읽는 맛'이 다르다는 것을 잘 알기 때문에 10세 이후에도 부모가 계속 읽어주길 바랍니다.

프랑스 소설가 베르나르 베르베르(Bernard Werber)는《베

르베르 씨, 오늘은 뭘 쓰세요?》에서 어릴 적 그의 아버지가
매일 밤 책을 읽어준 기억을 이야기하는 대목이 있습니다.

> 어린 시절을 회상하면 아버지 프랑수아 베르베르가 매일 밤
> 잠들기 전 내 침대에 걸터앉아 이야기를 들려주던 모습이 가
> 장 먼저 선명하게 떠오른다. 마법의 순간이었다. 멋진 이야기
> 를 통해 미지의 세계를 꿈꾸는 일이 내게 지극한 행복감을 준
> 다는 걸 그때부터 알았던 것 같다. (…) 이야기를 읽어주는 아
> 버지의 목소리와 함께 (책 내용에서 피어나는) 피 냄새와 미모사
> 향기가 방 안에 퍼졌다. (…) 일본, 한국, 중국, 인도, 브라질 스
> 칸디나이바와 아프리카 나라들. 나는 매일 밤 그 먼 미지의 나
> 라들을 만나면서 시간과 공간을 여행했다. 아버지가 읽어 준
> 이국적인 이야기들은 때때로 꿈속으로 나를 찾아오기도 했다.
>
> – 베르나르 베르베르, 《베르나르 씨, 오늘은 뭘 쓰세요?》 중에서

동화 《에드워드 툴레인의 신기한 여행》의 저자 케이트
디카밀로(Kate DiCamillo)는 "사랑하는 사람이 책을 읽어주면
우리는 긴장을 스르르 푼다. 그 순간 우리는 따뜻함과 빛 속
에서 공존한다"고 말했습니다. 부모의 목소리를 통해 책을

읽는 아이도 분명히 같은 느낌일 것입니다.

아이는 아빠의 목소리를 좋아한다

아이들은 아빠가 자신을 품 안에 안고 책을 읽어주면 더 좋아합니다. 주인공들이 등장할 때마다 아빠의 굵은 목소리를 변조해서 연기하듯 읽어주면 그 목소리가 아이의 몸에 진동하며 색다른 경험을 합니다. 말 그대로 온몸으로 책을 읽는 것이지요. 나아가 아빠의 품에서 책을 읽으면 '나는 안전하다'는 안정감이 생겨납니다. 평소 이야기할 때와는 다른 아빠의 책 읽는 목소리가 전해주는 편안함은 엄마가 책을 읽어줄 때 전해주는 아늑함과는 또 다른 느낌으로, 아이의 정서에 큰 도움을 줍니다.

영국에서는 아이에게 책 읽어주기가 아빠의 몫이라고 할 정도입니다. 특히 영국의 지역 도서관 프로그램 중에는 〈아빠와 함께 책 읽기(Dads and Kids Reading Together)〉라는 것이 있습니다. 휴일마다 도서관에 가서 아빠가 아이를 안고 책을 읽어주는 프로그램으로 인기가 높습니다. 이 시간을 통해 아빠와 아이가 유독 친해진다고 합니다. 아빠는 아이에게 책을 읽어주는 일이 아무것도 아닐 수 있지만, 아이는 이를 통해 '아빠가 책을 읽어줘서 나는 정말 즐겁고 행복해'라는 메시지를 뇌에 새깁니다.

4~6세 아이라면 아침이든 낮이든 틈만 나면 책을 읽어주는 것이 좋습니다. 아이에게 읽고 싶은 책을 고르게 하고 무릎 위에 앉힌 후 읽어주는 습관이 들이면 취학 전 책 읽기는 완성된 셈입니다. 유대인은 아이가 글을 익힐 시기가 되면 활자 모양의 과자를 만들어주어 활자를 읽으면서 먹게 합니다. 맛있는 과자 맛과 글자를 익히면서 좋은 기억이 오래가도록 만들어주려는 것이지요. 같은 방법으로 책 읽기를 끝내면 아이가 먹고 싶어하는 간식을 보상으로 주는 것도 좋습니다. 아이는 책을 읽을 때마다 맛있는 간식을 먹는 좋은 기억이 생겨서 다음 책을 기대하게 됩니다.

맞벌이 부부라면 아이에게 책 읽어주기가 정말 어려울 것입니다. 하지만 이것은 부모의 사랑을 보여줄 수 있는 작은 이벤트이자, 소소하지만 아이의 미래에 큰 영향을 주는 좋은 학습 방법입니다. 아이가 잠들기 전 단 10분이라도 책을 읽어주세요. 시간 여유가 있는 주말에는 집에서든 외출을 나가든 1시간 정도 읽어주는 것이 아이에게는 훌륭한 책 읽기가 될 것입니다.

잠 들기 전에 책을 읽어주자

　책을 읽어주기에 아주 좋은 시간은 잠들기 전입니다. 아이가 잠들기 전에 책을 꾸준히 읽어주면 하나의 습관이 되어 책을 펴기만 해도 몸이 알아서 긴장을 풀고 수면 모드로 들어갑니다. 아이가 부모가 책을 읽어주는 목소리를 들으면서 잠에 빠지면, 책 내용을 꿈으로 꾸고 뇌는 이를 기억으로 저장합니다. 좋은 기분과 좋은 기억으로 잠이 드는 것만큼 아이에게 좋은 것은 없습니다. 책을 읽어주는 시간은 15~30분 정도가 좋습니다. 만약 아이가 이보다 더 읽어달라고 한다면 책 읽어주기가 비로소 효과를 발휘했다고 봐도 좋습니다. 조금만 더 아이와 몸을 가까이 붙이고 책을 읽어주세요.

　부모가 아이에게 책을 꾸준히 읽어준다면, 아이가 학교에 입학해서도 학교생활도 잘할 뿐 아니라 성적도 좋아집니다. 부모와 함께 책을 읽으면서 어휘력과 이해력이 높아졌으니까요. 아이가 부모와 함께 책을 통해 익힌 단어들은 선생님의 말을 얼마나 잘 이해할 수 있는지를 결정합니다. 초등 2학년까지는 대부분의 수업이 말로 이루어지기 때문에 어휘가 풍부한 아이는 그렇지 못한 아이에 비해 훨씬 더 수

월하게 수업을 이해합니다.

전문가들은 아이들의 듣기와 읽기 수준은 중학교 2학년인 15세 무렵에야 같아지므로 그때까지 읽어주라고 이야기하기도 합니다. 아이가 자기 혼자 읽을 수 있다고 부모를 밀어낼 때까지 최대한 욕심을 내어 읽어주세요. 스스로 책을 읽는 것이 부모가 읽어주는 것보다 훨씬 효과가 좋습니다. 직접 읽는 것이 듣는 것에 비해 단어나 문장을 뇌에 기억하고 저장할 확률이 30배나 높다는 연구 결과도 있습니다. 부모가 꾸준히 읽어주다 보면 아이가 "앞으로는 나 혼자 읽어볼래요" 하는 말을 듣게 될지도 모릅니다.

책 읽어주기에 늦은 때란 없다

제 아이는 워낙 책을 싫어했기 때문에 아이가 가장 쉽게 책과 친해질 수 있는 '취학 전'이라는 황금 시기를 놓쳐버렸지만, 다행히 초등 3학년 때 아이에게 '해리포터 시리즈'를 읽어준 것이 변화의 계기가 되었습니다. 매일 아이가 잠들기 전에 20분씩 책을 읽어주었고, 그 후 아이에게 '해리포터 시리즈'는 '아빠가 읽어주는 책'이 되었지요.

한창 재미있는 대목에서 자야 할 시간이라며 책을 덮으

려 하면 "5분만. 아니 10분만 더요!" 하면서 조른 적도 많았습니다. 책 속에 등장하는 주인공이 많아질 때면 목소리를 바꿔 연기하기도 끔찍하게 힘들었지만(등장인물들은 왜 그리 많은지) 덕분에 저도 이 시리즈를 제대로 읽는 계기가 되었습니다. 그리고 〈해리포터〉가 왜 전 세계 남녀노소가 사랑하는 소설이라 불리는지 알게 됐습니다. 영화 〈해리 포터〉 시리즈도 함께 보고 영화 속에는 없는 소설 속 이야기를 함께 나누기도 했습니다.

〈해리 포터〉 시리즈 읽어주기는 그해 겨울 방학까지 이어졌는데 그 후 예상치 못한 변화가 생겼습니다. 이전까지 간단한 지식과 정보가 담긴 얇은 책만 읽던 아이가 제법 두께가 있는 이야기책을 찾아 읽기 시작했습니다. 그리고 한번 소설책을 잡으면 마지막 책장을 넘길 때까지 자리에서 일어나지 않고 끝까지 읽었습니다. 소설은 지식 전달 위주의 책에 비해 집중도와 완독률이 높다는 장점이 있습니다. 책 읽어주기에 결코 늦은 때는 없다는 것을 깨닫게 해준 사건이었습니다.

아이가 글자를 몰라서 스스로 읽지 못할 뿐, 부모와 함께 읽는 시간을 통해서 책 읽기가 재미있고 유익한 활동이란 것을 충분히 배우게 됩니다. 한글을 깨쳐서 직접 책 읽기가 가능해지면 그동안 잠재되었던 '나 스스로 책을 읽고 싶다'는 욕구가 독서력으로 폭발하고 더욱 책을 즐기는 아이로 변화할 것입니다. 아이는 부모가 책을 읽어주는 소리를 귀로 들으면서 재미와 함께 편안함과 즐거움을 함께 느낍니다. '엄마 아빠와 나는 하나'라는 결속력도 생기지요. 부모와 자녀 간에 대화 주제가 끊이지 않으니 함께 책을 읽는 가정은 화목해집니다.

막상 처음에는 부모나 아이 모두 어색하다고 느껴질지 모릅니다. 하지만 일단 시작해보면 이런 부담감은 금세 사라지고 전에는 미처 생각하지 못했던 새로운 경험을 할 수 있습니다.

◆ Check point! ◆
책을 좋아하는 아이는 따로 없습니다.
지금이라도 아이에게 책을 읽어주세요.

가장 중요한 질문은
"이 책 어땠어?"

책 읽기에는 인풋과 아웃풋이 있다

취학 전부터 아이에게 꾸준히 책을 읽어주면 아이 스스로 생각하는 힘이 길러집니다. 아이가 책을 다 읽고 나서 부모가 아이에게 '책 읽은 느낌'이 어땠는지 물어보는 것은 독서의 연계 활동이라고 할 수 있습니다.

책 읽기가 '인풋(input)'이라면 책을 읽은 느낌을 말하는 것은 '아웃풋(output)'입니다. 책을 읽고 자신의 느낌을 말할 수 있어야 비로소 책 읽기는 완성됩니다. 아이가 책을 읽고 난 뒤의 감상은 다양할 것입니다. '재미있었다' '웃겼다' '슬펐다' '무서웠다' 등 여러 감상을 느끼게 됩니다. 부모는 아이가 자신의 느낌을 직접 말할 수 있도록 유도해야 합니다.

아이가 책을 읽은 후의 감상을 말할 때 뇌에서는 놀라운 변화가 일어납니다. 자신이 읽었던 내용을 말하려고 생각하기 시작하면 뇌 운동이 활발해지면서 머릿속에 흩어져 있던 내용들이 정리가 됩니다. 아이가 이것을 말로 표현하면 그 내용들이 뚜렷한 기억으로 남는 것이지요. 책을 읽은 느낌을 말하면서 아이는 책을 두 번 읽는 셈이 됩니다.

아이에게 감상을 유도하는 방법은 간단합니다. 책을 읽어준 다음 "이 책을 읽으니까 어땠어?" 하고 물어보는 것입니다. 이때 절대로 하지 말아야 할 것이 있습니다. "책을 읽으니까 어때? 무서웠지? 그렇지? 안 무서웠어?" 하고 부모의 느낌을 먼저 전달하는 것입니다. 부모의 개입 없이 아이가 순수하게 느낀 그대로 말하도록 해야 합니다. 중요한 것은 책 내용을 제대로 이해했는지 확인하는 것이 아니라, 아이가 자기 느낌을 표현하는 것입니다. 이는 아무것도 아닌 것 같지만 결코 그렇지 않습니다. 평소에 '나 배고파' '나 졸려' '나 배 아파' '이거 싫어' '이거 좋아' 하고 말하는 것과는 전혀 다른 차원의 놀라운 일입니다. 아이가 읽은 책 내용을 머릿속으로 떠올리고 온전히 자기 느낌을 그대로 표현하는 것이기 때문입니다. 이 과정에는 책 내용을 기억하고, 상상하고, 정리해서 표현하는 학습의 모든 것이 들어 있습니다.

아이에게 "이 책 읽으니까 어땠어?" 하고 물어본 뒤 아이의 대답을 그대로 따라하는 것도 좋은 방법입니다.

"이 책 읽으니까 어땠어?"

"정말 재미있었어."

"오~ 우리 보영이가 이 책이 재미있었구나!"

"응!"

"뭐가 그렇게 재미있었어?"

"뭐냐하면, 음….'"

더도 덜도 말고 아이의 대답에 부모가 똑같이 반응해주고 반가워해주는 것만으로 충분합니다. 이 정도만 해도 훌륭한 책 읽기 대화가 됩니다. 비록 단답형이지만 이 과정을 통해 아이는 분명히 책 한 권을 읽고 학습한 것이 됩니다.

책을 읽고(엄밀히 말하면, 부모의 목소리로 듣고) 자기의 느낌을 표현했기 때문이지요.

아이의 대답에 반가워하는 부모의 반응을 본다면 아이도 절로 신이 나서 "나는 이런저런 부분이 정말 재미있었어"라거나 "난 주인공이 정말 좋아. 악당은 정말 나빠"라고 덧붙일지도 모릅니다. 그러면 부모는 또다시 아이가 대답한 내용을 그대로 대답해주면서 대화를 이어나가야 합니다. 이로써 아이의 학습은 한 발 더 나아갈 수 있습니다.

책 한 권 읽을 때마다 '생각의 키'가 자란다

부모가 아이의 감상을 묻고 아이의 대답을 그대로 따라해준다면 아이는 '내가 책 이야기를 하니까 엄마 아빠가 좋아하네?' 하고 신기해하면서 기분 좋아할 것입니다. 설령 아이가 대답하기를 싫어한다거나 "그냥 좋아, 재밌어"라고 짧게 대답한다 해도 절대로 실망하지 마세요. 아이가 책을 읽은 느낌을 정리하는 것이 아직 익숙하지 않거나 부모에게 표현하기가 어색할 뿐이니까요.

무언가를 배운다는 것은 참으로 묘한 매력이 있습니다. 많이 배우면 배울수록, 내가 배우고 느낀 것을 다른 사람에게 말하고 싶어지기 때문입니다. 아이에게 책을 꾸준히 읽어주면 책 읽은 느낌을 점점 더 많이 표현할 것입니다. 답답하겠지만 그때까지 기다려주세요. 틀림없이 아이가 말이 많아지는 날을 만날 것입니다.

독서가들은 '책을 읽는 사람은 읽기 전과 읽은 후 다른 사람이 된다'라고 말하기도 합니다. 책을 읽는 동안 원래 가지고 있는 지식의 바탕 위로 새로운 정보가 쌓이고, 작가의 생각이나 글 속의 인물들과 정신적인 대화를 나누고, 생각하고, 학습하면서 지식과 시각이 넓어지는 것입니다. 저는 이것을 '생각의 키가 자란다'고 말합니다. 눈에 보이는 아이의 키는 작을지 모르지만 아이가 부모의 목소리를 통해 읽은 책이 하나둘 쌓일 때마다 생각의 키가 1센티미터씩 자라나는 것입니다.

아이가 어릴 때부터 책을 읽고 내용과 느낌을 부모에게 말하는 습관을 갖는다면, 친구들과 대화할 때 자신의 생각을 정확하게 말하는 연습이 되기 때문입니다.

부모와 함께 읽은 책이 늘어날수록 아이는 점점 더 자유롭게 자기 생각을 말할 수 있습니다. 아이가 대답하면 부모는 아무런 비판 없이 반갑게 반응해주고 칭찬해주세요. 그러면 아이는 책 읽기의 즐거움을 체감할 것입니다.

◆ **Check point!** ◆

아이가 책을 읽고 자기의 느낌을 말할 때,

비로소 책 읽기가 완성됩니다.

그림 독서록,
독서 흥미 이끄는 마중물

글 모르는 아이도 독서록 쓸 수 있다

　단순히 책을 읽는 것만으로는 부족합니다. 읽기만 하고 느낌을 말하지 않으면, 읽는 동안 떠올랐던 생각과 감정이 금세 잊혀지고 책 읽기는 그저 가벼운 취미의 영역에 머무를 수 있습니다. 책을 읽은 후에는 그 내용과 느낌을 스스로 말하고, 글로 쓰는 과정을 거쳐야 합니다. 하버드 대학생들이 졸업한 후 가장 아쉬워한 것이 '대학생활 동안 글쓰기를 더 배우지 못한 것'이라고 합니다. 사회에 나온 뒤 책 읽기만큼 글쓰기가 중요하다는 의미입니다.

아이가 말한 내용 대신 적어주자

아직 한글을 익히지 못한 아이라면 더욱 글쓰기가 어렵습니다. 하지만 책을 읽고 난 뒤 느낀 점을 말로 하도록 하고, 그것을 부모가 글로 대신 옮기면 자연스럽게 독서록이 되는 것입니다. 준비 과정도 아주 간단합니다. 날짜를 적을 수 있는 노트나 다이어리만 있으면 됩니다. 노트에 날짜와 책 제목, 지은이를 적은 뒤에 아이가 부모에게 이야기한 내용을 적어주는 것이 전부입니다.

2024년 5월 30일, 《백설공주》, 그림형제 지음
영희가 《백설공주》를 읽고 나서 '재미있었다'라고 말했어요.
영희가 '백설공주는 정말 예쁘고, 마녀는 정말 무서웠어'라고
말했어요.

자칫 흩어져버릴 수 있는 아이의 느낌들을 독서 노트에
한데 모아놓는 것만으로 '내 아이의 독서 역사'가 발전하는

과정을 기록할 수 있습니다. 한 권, 두 권, 열 권, 스무 권….
꾸준히 읽어주고 기록하다 보면 아이의 감상이 점점 늘어나
는 것을 눈으로 직접 확인할 수 있습니다. 꽤 많이 읽었는데
도 아이가 변함없이 짧게 대답하더라 초조해할 필요 없습니
다. 아이는 이 단순한 과정을 거듭할수록 '책 읽고 난 느낌을
뭐라고 말할까?'를 고민하는 습관을 키우게 됩니다.

그림 독서록은 여섯 살부터

아이가 유치원에 들어가 크레용이나 색연필로 그림을
그리기 시작하면 책을 읽은 느낌을 말한 뒤 그림으로 그리
도록 도와주는 것도 무척 재미있습니다. 동물이나 사물을
그림으로 그리듯 책을 보고 어떤 느낌이었는지 그려보게 하
는 것입니다. 아이가 책에 대해 이야기할 수 있고 크레용을
손에 잡을 수 있으면 얼마든지 시작할 수 있습니다.

하지만 아이의 그림을 도와주거나 중간에 부모가 끼어
들어 "이건 뭘 그린 거야?" 하고 물어보지 마세요. 아이가
혼자서 충분히 생각하면서 그릴 수 있도록 시간적 여유를
주어야 합니다. 아이가 다 그렸다고 하면 그때 물어봐도 늦
지 않습니다.

제 아이는 유치원에 다니던 6세 무렵, 태블릿이나 스마트폰으로 '뽀로로' 영상 보기에 한창 취해 있었습니다. 그런 아이에게 저는 책을 읽는 시간이 되면 듣든 말든 꾸준히 그림책을 읽어주었습니다. 어느 날은 아이더러 아빠가 읽어준 내용을 듣고 그림으로 그려보자고 하니 영상을 보던 스마트폰을 내려놓고 그림책에 흥미를 보였습니다.

다만 아이가 혼자 하는 것은 싫으니 같이 하자면서, 느낌보다 그림책에 있는 그림을 그리고 싶다고 하더군요. 저는 그리고 싶은 장면을 찾아보라고 했습니다. 그리고 아이가 고른 그림 위에 기름종이를 대고 사인펜으로 굵은 선을 따라 그렸습니다. 아이는 선을 따라 차츰 그림이 완성되는 모습을 무척 신기하게 바라보았습니다. 제가 완성한 밑그림 위에 아이가 그 위에 색칠을 하게 했더니, 그림책에 있는 그림을 보며 같은 색으로 칠하면서 재미있어 했습니다.

그날 이후 1년 동안 아이와 유치원 수업 시간에 봤던 영어 그림책이나 제가 읽어준 그림책에서 원하는 장면 그리기를 함께 했습니다. 나중에는 아이 혼자서 기름종이를 대고 밑그림을 그리고 색칠을 할 정도로 이 과정을 즐겼습니다. 저는 이것을 '그림 독서록'이라고 부릅니다. 아이는 이 과정을 통해 자연스럽게 표현력을 늘리고 기억력을 길렀습니다. 또한 손에 펜을 쥐고 그림을 그리면서 소근육도 키울 수 있었지요.

책 읽은 느낌을 그림으로 그리기 어려워하면 책에 있는 삽화를 따라 그려도 좋습니다. 초반에 아이가 그린 그림은 마치 추상화처럼 전혀 알아볼 수 없을 정도일 것입니다. 한없이 시간을 들여 정체불명의 무언가를 그리거나 선과 동그라미 몇 개를 그려놓고 다 그렸다고 할 수도 있습니다.

하지만 그 그림은 분명 그림책을 읽으며 본 사물의 색깔이나 모양을 자신의 느낌으로 표현한 것입니다. 아이에게는 엄마 아빠에게 설명할 수 없을 만큼 특별한 의미가 있습니다.

아이가 그림을 다 그리면 그림 아래에 아이가 이야기한 느낌을 엄마 아빠가 대신 적어주세요. 또 한글을 떼고 글을 쓰기 시작하면 그림을 그린 다음 아이가 직접 단어나 문장을 써보도록 도와주세요. 이렇게 완성된 그림 독서록을 작성한 날짜와 책 제목 등을 기록해 따로 파일에 모아두면 훌륭한 독서록이 됩니다. 나중에 아이가 학교에 들어갈 즈음 자신이 만든 독서록을 보면서 글을 알기 전부터 부모와 함께 써왔다는 것을 자연스럽게 깨닫습니다. 그리고 독서록은 단순히 글쓰기가 아니라 '생각 쓰기'라는 것도 배웁니다.

아이가 책을 읽은 후의 감상을 말하고 그림으로 그리는 습관을 들이면 한글을 깨쳤을 때 그동안의 연습이 빛을 발하게 됩니다.

◆ Check point! ◆
내 아이의 첫 독서록은 그림 독서록으로 시작하세요.

PART 03

초등1~2
독서와
손글씨 쓰기

막힘 없이 술술 읽는
4가지 꿀팁

잘 읽게 해주는 학원은 없다

부모의 걱정은 정말 끝이 없습니다. 초등학교에 들어가기 전 겨우 한글을 깨치게 했더니, 이번에는 아이가 책을 너무 천천히 읽거나 잘 읽지 못하는 것입니다. '다른 집 아이들은 막힘없이 줄줄 읽어낸다는데….' 느림보처럼 천천히, 자꾸 틀리게 읽는 아이를 보고 있노라면 부모의 속은 '펑' 하고 터질 것만 같습니다.

하지만 당사자인 아이는 부모보다 더 마음이 답답합니다. 한글을 깨치느라 정말 힘들었는데 엄마 아빠의 성화에 못 이겨 책 한 권 읽어볼라치면 읽기 어려운 단어, 읽어도 이해가 안 가는 단어 투성이인 것이지요. 한 글자 한 글자 읽기가 너무 힘들어서 책을 읽는 흐름도 끊겨버리기 일쑤입니다. '다른 아이들은 술술 읽던데, 왜 나만 이렇게 힘들까?' 하는 생각에 아이도 창피하고 당황스러울 것입니다. 그래도 계속 노력해보지만 재미도 없고, 눈도 아프고, 머리도 아프고, 피로감이 확 하고 밀려옵니다. 그런 아이에게 부모의 말 한마디가 더욱 좌절감을 줍니다.

"얘, 좀 빨리 읽을 수 없니?"

"글자를 또 틀리게 읽으면 어떻게 해~."

"지금 대체 어딜 읽는 거야. 읽은 데 또 읽으면 어떻게 해?"

부모로부터 이런 말을 들으면 아이는 한없이 부끄럽고 절망스러워집니다. 게다가 책을 읽을 때마다 지적을 듣다 보면 곧 "에이, 나 안 읽을래!" 하고 포기하고 맙니다. 아이가 책을 잘 못 읽는 것은 책 읽는 방법을 제대로 배울 기회가 없었고, 경험이 부족하기 때문입니다. 자꾸 틀리게 읽거나 천천히 읽는 건 익숙하지 않은 탓도 있지만, 모르는 단어들이 걸림돌이 되는 탓일 수도 있습니다.

잘 읽도록 도와주는 학원이나 과외는 없습니다. 아이마다 겪는 문제가 다를 뿐 아니라 능숙하게 읽기까지 시간도 오래 걸리고 손이 많이 가기 때문이지요. 하지만 부모가 친절하고 훌륭한 책 읽기 멘토가 되어주면 됩니다.

익숙해질 때까지 대신 읽어주자

초등학교 진학 후에도, 아이가 책을 혼자서도 편하게 읽을 수 있을 때까지 부모가 대신 읽어주세요. 처음에는 아이의 시선이 단어를 잘 따라올 수 있도록 천천히 또박또박 읽어주어야 합니다. 부모가 책을 읽어주면 훨씬 쉽게 이해할 수 있어 학습 효과가 높아집니다. 또한 모르는 단어를 만날 때마다 "이건 무슨 뜻이야?" 하고 부모에게 바로 물어보고, 바로 피드백을 받을 수 있어서 어휘력을 늘리는 데 큰 도움이 됩니다.

부모가 책을 읽어주는 동안 아이는 멀뚱히 앉아 듣고 있는 것 같아서 '내가 대신 읽어주면 아이에게 무슨 소용이 있을까' 싶겠지만, 스펀지 같은 아이의 두뇌에는 부모가 읽어주는 책 내용이 차곡차곡 쌓이고 있습니다. 그리고 아이는 부모가 책을 읽는 모습을 통해 책 내용은 물론 부모의 발성과 발음, 억양까지 동시에 익힙니다.

아이에게 책을 읽어주는 시간은 15~30분 정도가 적당합니다. 중간에 10분 정도 쉬고 15분씩 두 세트를 읽어주면 아이가 충분히 집중할 수 있습니다. 처음부터 15분씩 책을 읽는 것이 힘들 수 있으니 5분, 10분 서서히 늘려가면서 최종적으로 15분을 완성하는 방법을 찾길 바랍니다.

책을 읽을 때 아이를 혼내거나 야단치지 않는 것이 중요합니다. 아이는 분명 처음에는 집중하지 않거나 딴짓을 할 텐데, 이런 태도를 두고 부모가 야단치면 '괜히 책 읽기에 참여했다가 야단을 맞는다'고 여겨 이 시간을 싫어하게 됩니다. 책을 읽기 전, 부모는 아이가 처음부터 얌전히 앉아서 읽는 건 불가능하다는 사실을 기억하고 마음을 단단히 먹어야 합니다. 최소한 2~4주 정도 지나면 아이가 부모의 목소리에 맞춰 활자를 읽는 데 익숙해집니다. 아이가 책 읽기를 시작하는 첫 단추를 끼우는 순간, 성공의 관건은 부모의 의지와 시간을 견디는 인내심밖에 없습니다.

일부러 틀리게 읽자

아이에게 책을 읽어주다 보면 부모의 실수를 아이가 지적하는 때도 있습니다. 절대 놓쳐선 안 될 중요한 순간입니다. 아이가 부모의 목소리를 들으며 눈으로 함께 따라 읽고 있다는 뜻이고, 틀리게 읽은 것을 참지 못하고 지적할 만큼 책 내용에 흥미를 갖고 있다는 뜻이니까요. 이때를 위해 일부러 틀리게 읽어보는 것도 필요합니다. 그러면 아이는 그때마다 "에이, 그게 아니야" 하며 부모의 실수를 고쳐줄 것입니다.

이때 부모가 피드백을 해주어야 합니다. "오~ 우리 보영이가 나보다 더 잘 읽는데?" 하고 칭찬해주면 아이는 자신이 부모보다 더 잘 읽는다는 생각에 어깨가 으쓱해집니다. 그리고 '차라리 내가 직접 읽어볼까?' 하는 생각까지 합니다. 이쯤되면 두 번째 단계로 넘어갈 때가 되었습니다. 아이에게 "네가 엄마(아빠)보다 잘 읽으니까, 우리 한 줄씩 나눠 읽어볼까?" 하고 제안해보는 것이지요. 아이는 틀림없이 기꺼이 고개를 끄덕일 것입니다.

부모와 아이가 한 줄씩 번갈아 읽으면서 마치 게임을 하듯 주거니 받거니 경쟁하다 보면 굳이 잘 읽으려고 노력하지 않아도 잘 읽게 됩니다. 아이도 그동안 부모의 목소리를 들으면서 마음속으로 글을 따라 읽었기 때문에 한 문장씩 소리 내어 읽는 자신을 보면서 스스로 대견스러움을 느낍니다. 한 문장씩 또박또박 잘 읽어가는 아이를 아낌없이 칭찬해주어야 합니다. 아이에게 칭찬은 계속 앞으로 나아갈 수 있는 동력이 되기 때문이지요.

한 문단씩 번갈아 읽자

'한 문장씩 이어 읽기'가 익숙해지면 범위를 넓혀 '한 문단씩 이어 읽기'를 할 차례입니다. 먼저 아이와 함께 읽을 쪽마다 한 문단씩 표시를 하고 번갈아가며 읽습니다. 아이는 부모가 읽는 방식 그대로 따라 읽습니다. 여기에 부모가 재미를 더해 읽으면 더욱 신이 납니다. 짧은 문단을 읽으면 행운을 만난 듯 기쁜 표정을 하면서, 긴 문단을 만나면 마치 산을 오르듯 숨을 크게 쉬고 헉헉거리면서 목소리와 행동에 과장을 섞어가며 읽습니다.

이 정도가 되면 책 읽기는 놀이가 됩니다. 게임하듯 읽는 사이에 한 문장씩 읽던 아이는 어느덧 한 문단을 거침없이 읽게 됩니다. 아이가 책을 잘 읽을 때마다 머리를 쓰다듬거나 등을 토닥이며 부모가 응원과 격려를 해주면 더욱 신이 나서 책 읽기에 몰입합니다. 이렇게 조금씩 책을 읽는 범위를 넓히다 보면 어느덧 한 문장, 한 문단이 아닌 한 쪽씩 읽어내는 아이를 만날 것입니다.

큰 소리로 읽게 하자

크게 소리 내어 읽으면 독서의 학습 효과가 높아집니다. 책의 본질이 '작가의 생각을 말 대신 글로 써놓은 것'입니다. 한마디로 '작가의 말'인 셈이지요. 아이가 큰 목소리로 책을 읽으면 발음도 좋아지고, 뇌가 활성화되며 집중력도 높아집니다. 또한 소리 내어 읽으면 자신의 목소리를 들으며 두 번 읽는 셈이 됩니다.

국제독서협회 선임 연구원이자 전 회장인 리처드 엘링턴(Richard Ellington)이 말했습니다. "책을 잘 읽지 않는 아이가 하루에 15분씩 책을 읽게 되면 초기에 500개 정도의 단어를 습득하고, 숙달되는 만큼 단어를 습득하는 속도로 빨라지게 됩니다."

처음에는 서툴지만 꾸준히 큰 소리로 책을 읽다 보면 점차 잘 읽게 되고 나중에는 '술술 읽는다'는 말을 들을 만큼 실력이 나아집니다. 원리는 이렇습니다.

아이가 처음 책 읽기를 시작하면 문장 전체를 보지 못하고 단어를 하나씩 읽어내는 데 급급해서 띄엄띄엄 읽게 됩니다. 그래서 읽기가 서툴 뿐 아니라 속도도 무척 느립니다. 하지만 한두 달 정도 지나면 한 문장 정도는 편하게 읽을 수 있게 되므로 부모는 그때까지 아이를 응원하며 기다려주면 됩니다.

읽는 것이 서툴지는 않으나 유독 읽는 속도가 느린 경우가 있는데, 아이가 글자를 읽으면서 동시에 내용을 이해하려고 하기 때문입니다. 이 역시 꾸준히 읽다 보면 글을 읽으면서 동시에 내용을 파악하게 됩니다. 아이에 따라 약간의 차이가 있겠지만 꾸준히 읽기만 하면 뇌가 끊임없이 운동을 하면서 책 읽기를 습관으로 만들고, 읽은 내용을 저장하고 기억하면서 점점 읽는 속도가 향상됩니다.

그러면 아이가 어느 정도 책 읽기에 익숙해졌다고 생각해도 됩니다. 아이가 책을 읽을 때 시선이 한 문장에만 머무르는 것이 아니라 다음 문장에까지 미치게 되기 때문입니다. 이때부터 아이는 책을 읽으면서 한 문단의 내용을 파악하고 맥락을 이해할 수 있게 됩니다.

글자를 짚어가며 읽게 하자

아이가 책을 읽을 때 읽을 문장을 손가락으로 짚어주세요. 우리는 무언가를 가리킬 때 손가락을 사용합니다. 그것을 지목(指目)한다고 하지요. 상대가 손가락으로 뭔가를 지목하면 우리의 시선도 그 손가락을 따라갑니다. 책 읽기에서도 같은 방식을 활용하는 것입니다. 읽을 문장을 손가락으로 스윽 미끄러지듯 짚어가면서 읽으면 시선이 손가락이 가리키는 단어에 집중하게 됩니다.

이 방법이 익숙해지면 손가락을 따라 읽는 속도도 올라갑니다. 손가락으로 짚어가며 읽기는 난독증 치료법 중 하나일 만큼 효과가 아주 좋은 방법입니다. 이 방법은 평소 읽는 속도보다 약 30%가량 속도가 빨라집니다. 아이가 읽을 때 부모가 대신 손가락을 짚어주면서 속도를 맞춰주는 것도 좋습니다. 지금까지의 내용을 정리해보면 다음과 같습니다.

1. 아이가 책 읽기를 어려워하면 부모가 대신 읽어주세요.
2. 책 읽기에 점차 익숙해지면 아이와 함께 한 문장씩, 한 문단씩, 한 장씩 늘려가면서 서로 번갈아가며 읽어보세요.
3. 아이가 크게 소리 내어 읽게 해주세요.

4. 책을 읽어야 할 부분을 손가락으로 짚어가면서 읽으면 책 읽는 속도를 조절할 수도 있어요.

◆ Check point! ◆

우리 아이 책 읽기의 유일한 동력은 부모의 칭찬입니다.

연필 잘 쥐면 성적도 오른다

연필 쥐는 법, 완벽하게 익히게 하자

초등 1~2학년에는 읽기와 손글씨 쓰기에 유독 신경을 써야 합니다. 이 시기에 배우는 거의 모든 학습은 읽기와 손글씨 쓰기에서 비롯될 뿐 아니라 독서 활동에도 중요한 역할을 하기 때문입니다.

하지만 생각보다 많은 학생들이 연필을 바르게 잡고 손글씨 쓰기를 어려워합니다. 소근육이 발달하지 않은 초등

1~2학년 학생들은 연필을 쥐는 법이 서툴러서 글을 쓰는 일이 여간 힘든 게 아닙니다.

요즘 아이들은 보통 초등학교 입학 전에 한글을 떼는데, 이때 손글씨 쓰기 교육도 함께 시작합니다. 손글씨를 잘 쓰려면 우선 바르게 쓰는 자세를 익히는 것부터 시작합니다. 연필을 올바르게 쥐는 법을 먼저 익히고, 본격적으로 글자 쓰기에 들어가기 전에 선과 곡선, 그리고 다양한 모양들을 따라 그리는 연습을 충분히 하면서 손과 연필이 친해지고 익숙해져야 합니다. 연필을 올바로 쥐고 글씨를 쓰는 것은 초등학생에게 정말 중요한 일입니다. 연필을 쥐고 글을 쓰면 주의력이 올라가고 사고력도 커집니다. 특히 초등학생은 손가락 소근육을 많이 사용할수록 두뇌 발달에 도움이 됩니다.

연필 쥐는 법은 학교를 다니다 보면 천천히 익숙해지지 않을까 하고 생각할 수도 있습니다. 하지만 초등 1학년 국어 교과서 첫 단원의 주제가 '바른 자세로 읽고 쓰기 활동'일 만큼, 책 읽기와 연필 쥐는 법은 중요한 기본 과제입니다. 이 시기에 연필 쥐는 법을 바르게 익히지 않으면 아이는 평생 연필을 올바르게 쥐지 못할 수도 있습니다. 연필을 제대로 쥐지 않으면 바른 글씨를 쓰기 어려워지고, 자신이 쓰는 글자가 잘 보이지 않아서 고개를 삐딱하게 하고 몸을 구부정하게 굽혀서 쓰게 되지요. 나중에는 책상에 거의 엎드리다시피 한 자세로 글을 쓸 수도 있습니다. 이렇게 불편한 자세로 쓰다 보면 글씨는 엉망이 되고 시력도 덩달아 나빠집니다.

아이의 글씨체를 바로잡을 시기는 초등학교 때 밖에 없습니다. 중고등학생이 되면 습관으로 굳어져서 정말 많은 수고와 노력을 기울여도 고칠 수 있을까 말까입니다. '천재는 악필이다'라는 말로 아이의 글씨체에 관심을 두지 않는 부모가 적지 않습니다. 하지만 아이의 글씨체가 악필이면 성적에도 영향을 미칠 수 있습니다. 사소하게는 수학 시험 시간에 제가 써놓은 풀이를 잘못 읽어 틀릴 수도 있습니다.

'0'과 '6'을 엇비슷하게 쓰는 바람에 아는 것도 틀리는 아이들이 많습니다. 점수와 비중이 나날이 높아지는 서술형 답안도 마찬가지입니다. 글씨를 해석하듯 읽어내야 하는 글과 한눈에 보기 좋게 잘 쓴 글 중 어떤 답안이 점수를 잘 받을지는 두말하면 잔소리입니다.

엄지와 검지로 연필을 바르게 쥐고 정확하게 쓰기를 익

히면 아이는 저절로 허리를 바로 편 자세로 책상 앞에 앉습니다. 손목에 힘을 빼고 자연스럽게 바른 자세로 글을 쓸 수 있지요. 오른손잡이인 경우, 오른손으로 손글씨를 쓸 때 왼손으로 노트를 지그시 눌러 잡아주면 필기하는 동안 노트가 제멋대로 움직이지 않아서 글씨도 더 예쁘게 쓰고 필기 속도도 빨라집니다. 단순히 한 손만 움직이는 것이 아니라 양손, 그리고 온몸으로 주의를 기울여야 하는 것이 손글씨 쓰기인 것입니다.

글씨가 인생을 바꾼다

초등 1~2학년 때 연필 쥐는 법을 제대로 익히지 못하면 점점 필기가 많아지는 초등 3~4학년 이상이 되어 문제를 겪게 됩니다. 손목과 팔이 아파서 오랫동안 글을 쓰지 못합니다. 그래서 일기나 독서록과 같은 장문의 글을 쓰기 싫어하게 되고, 행여나 글을 길게 쓰고 싶은 마음이 생겨도 손이 아프고 불편한 자세로 쓰는 것이 싫어서 금세 포기하기도 합니다.

연필 쥐는 법은 대학 진학에도 지대한 영향을 미칩니다. 중고등학생 때 얼마나 빨리 그리고 정확하게 필기하느냐에 따라 성적이 달라지기도 하지요. 요즘 시험은 서술형 문제가 점점 늘어나는데, 바른 글씨로 잘 정리된 글로 서술형 문제에 답하면 같은 내용이라도 훨씬 높은 점수를 받을 수 있습니다.

연필 교정기의 도움을 받는 것도 좋습니다. 연필 교정기는 실리콘 재질로 되어, 연필에 끼워 익숙해질 때까지 쓰면 교정을 할 수 있습니다.

《습관의 힘》의 저자 찰스 두히그(Charles Duhigg)는 그의 책에서 "코어 해빗(Core habit)이 인생을 바꾼다"고 말했습니다. '코어 해빗'은 '핵심 습관' 정도로 해석할 수 있는데, 한 가지 좋은 습관은 여러 좋지 않은 습관을 함께 해결해준다는 뜻입니다. 올바르게 연필을 쥐는 습관이 우리 아이의 국어 학습에 결정적인 코어 해빗이 될 수 있습니다.

◆ **Check point!** ◆
연필 쥐는 법은 가장 중요한 공부입니다.
아직 제대로 익히지 못했다면 연필 교정기를 끼워주세요.

독서록, 단 한 줄의 힘

맘대로 그리는 그림 독서록을 만들어주자

초등 1학년 2학기 국어 수업 시간에 받아쓰기를 할 때가 되면 학교에서 일기 쓰기와 독서록 숙제를 내줍니다. 최근 들어 글쓰기를 힘들어하는 초등생들이 많아 학부모의 성화에 일기와 독서록 숙제를 없애버린 학교가 있다는 기사를 본 적이 있습니다. 하지만 이 시기야말로 아이가 독서록 쓰기를 배우기에 가장 좋은 때입니다.

초등 1~2학년은 대부분 그림 독서록부터 시작합니다. 아이의 책 읽기는 독서록을 쓸 때부터 새로운 국면을 맞이합니다. 책을 읽기만 하는 것이 아니라, 책을 읽고 느낀 소감을 그림과 글로 직접 표현하기 때문입니다. 아이가 글을 알기 전부터 그림 독서록을 해왔다면 글을 익힌 후에도 큰 무리 없이 계속할 수 있습니다. 독서록의 그림은 책 표지나 아이가 그리고 싶어하는 책 속 삽화를 하나 골라 그리면 됩니다. 크레용이나 색연필, 물감 등 아이가 원하는 도구를 선택해도 좋습니다. 중요한 것은 '아이 스스로 원하는 대로 그린다'는 것입니다. 아울러 아이가 그림을 완성한 후에는 그 아래 책을 읽은 느낌을 짧게 적게 하는 것이 주요 포인트입니다.

책 읽기와 독서록 쓰기는 실과 바늘 같은 관계입니다. 책을 읽는 데서 그치지 않고, 독서록 쓰기로 연결하면 아이가 책을 꾸준히 읽어나가는 동력이 됩니다. 아이의 소감은 단한 문장이라도 상관없습니다. 맞춤법을 틀려도, 글씨가 삐뚤빼뚤해도 지적하지 마세요. 아이가 쓴 글이 부족해 보여도 고쳐주지 않아야 합니다. 독서록은 아이가 스스로 책을 읽고 난 후 자신의 느낌을 적는 공간입니다. 엄밀하게 이야기하면 나만의 그림을 그리고 글을 쓰는 '창작의 공간'인 것입니다. 거기에 부모가 개입하면 아이의 '창작'은 의미가 사라져버립니다.

독서록은 초등 국어 교육의 전부다

초등 1~2학년에는 아이들이 책 읽기에 질리지 않도록 그림 독서록 외에 다양한 형식의 독서록 쓰기를 권합니다. 편지 독서록은 책 속 주인공에게 직접 편지를 쓰는 형식으로, 대화하듯 쓰는 글이라 관찰자 시점에서 쓰는 독서록보다 편해서 아이들이 좋아합니다. 개인적인 소감이나 느낌을 잘 이끌어내는 장점이 있지요.

동시 독서록은 말 그대로 동시집을 읽은 후에 쓰면 좋습니다. 초등 1~2학년이 읽는 동시집은 주로 의태어나 의성어를 활용한 시가 많은데 짧고 부담이 없어 아이들이 좋아하는 책이기도 합니다. 시는 글쓰기의 보석이라고 불릴 만큼 뛰어난 문학 장르입니다. 하고 싶은 말을 줄이고 줄여서 쓴 글이 시이니까요. 아이가 동시집을 읽은 후에 가장 인상적인 동시를 찾아 그대로 베껴 써보고 이 시를 통해 받은 영감으로 자기만의 동시를 써보는 방식을 추천합니다.

초등 1~2학년부터 독서록 쓰기를 강조하는 이유는 초등 국어 교육의 모든 핵심 활동이 독서록에 집중되기 때문입니다. 먼저 책을 읽고(읽기, 듣기), 인상 깊은 장면을 생각한 뒤 그림을 그리거나, 글로 옮기는 활동(쓰기)을 하지요. 읽은 책의 줄거리와 소감을 발표도 합니다(말하기). 아이들에게 글을 한번 써보라고 하면 너무나 막연해서 아마 한 글자도 쓰지 못할 것입니다(그건 어른도 힘들잖아요?). 그렇기 때문에 책을 먼저 읽고, 읽은 책을 소재로 글을 써보라고 유도하는 것입니다.

글쓰기는 하루아침에 향상될 수 있는 능력이 아닙니다. 하지만 꾸준히 쓰다 보면 자신도 모르게 실력이 쑥 올라갈 수 있습니다. 오로지 '꾸준함의 힘'으로만 얻을 수 있는 능력입니다. 단 한두 줄이라도 '내 아이가 오늘 글을 썼다'는 점에 주목하는 자세가 필요합니다.

여우야, 처음에 두루미가 네가 먼저 잡은 물고기를 먹어서 너가 배고푸겠구나. 그랬다고 두루미 스프를 못먹개 접시에다가 스프를 넣으면 어떻해. 그러면 친구들이 너 싫어한다. 알겠지? 그럼 이만 편지 마칠께.

위의 글은 제 아이가 초등 1학년 때 쓴 첫 번째 독서록입니다. 학교에서 나눠준 독서록 공책에 숙제로 쓴 것인데, 책을 읽고 난 후 자기의 생각을 이 책의 주인공 여우에게 말하듯 편지를 썼습니다. 이 시기의 아이들은 글을 고쳐 쓰는 것을 모릅니다. 생각나는 대로, 발음나는 대로 제멋대로 씁니다. 아울러 맞춤법이나 띄어쓰기 등의 국어 문법을 아직 배우지 않아서 내용이 어색하고 제멋대로입니다.

아이가 쓴 독서록에서 부모가 주목해야 할 부분은 '아이가 자기 생각을 글로 썼다'는 점입니다. 그 점만 보고 칭찬해주면 됩니다. 나머지는 차차 담임 선생님이 고쳐줄 테니까요. 책을 읽은 내용을 그대로 말하는 데 그치지 않고 자신의 생각을 더해 표현했다는 점에서 독서록은 훌륭한 창작물이 됩니다. 이제 막 한글을 배운 아이가 창작을 하기 시작한 것이지요. 그렇기 때문에 독서록은 훌륭한 독서 활동이 됩니다.

제 아이가 초등 1학년 때 《시골쥐와 도시쥐》를 읽고 난 뒤, 처음으로 그림 독서록을 썼습니다. 당시 아직 글쓰기에는 익숙하지 않은 터라, 아이는 읽은 책의 내용보다 이 책의 주인공인 시골쥐와 도시쥐 중에서 도시쥐가 되고 싶다는 자신의 생각을 그림으로 표현했습니다.

아이는 책에 등장하지 않는 파리 에펠탑과 두바이의 초고층 빌딩 브르즈칼리파를 그렸는데, 자신이 도시쥐가 되어 가보고 싶은 초고층 빌딩들을 묘사한 것이라고 했습니다. 그 위에는 짧게 "나는 도시쥐가 되고 싶어요"라는 감상평을 적었지요.

독서록은 생각의 기록을 남기는 스탬프 찍기

아이가 독서록을 하나씩 쓰다 보면 머지않아 자신의 독서 활동에 놀랄 때가 옵니다. 그동안 독서록 노트에 남긴 기록들을 살펴보면서 기뻐하고 즐거워하며 스스로 놀라는 것입니다. "엄마 아빠, 내가 이렇게 많이 읽었어!" 하고 아이가 말할 텐데, 아이의 말 속에는 자신에 대한 자랑스러움이 숨어 있습니다.

이러한 독서 활동이 꾸준히 이어지면 나중에는 책 한 권을 모두 읽고 마지막 책장을 덮는 순간 자연스럽게 '이번엔 어떤 독서록을 쓸까?' 하고 생각에 잠기게 됩니다. 부모가 책을 읽어주며 느낌을 말하는 첫 번째 단계를 지나, 그림을 그리고 책 읽은 느낌을 표현하는 두 번째 단계에 접어

들었습니다. 아이의 글쓰기 실력은 단계를 거듭할수록 놀랍게 변합니다. 아이들은 독서록을 통해 익힌 글쓰기 솜씨로 자신의 생각과 주장도 더 잘 정리하고 발표할 수 있게 됩니다. 이것은 절대로 학원이나 과외에서는 배울 수 없는 것들입니다.

요즘 아이들은 명승지나 핫플레이스에 놀러 가면 기념삼아 '스탬프 찍기'를 합니다. 어디를 방문하고, 무엇을 보았는지를 기록으로 남기는 것이지요. 독서록도 스탬프 찍기와 같습니다. 책 읽은 경험을 기념해서 기록으로 남기는 것입니다. 아이들이 스탬프를 찍을 때 힘이 부족해 흐릿하거나 완벽하게 찍히지 않아도 괜찮습니다. 다녀온 기록만 기념하면 됩니다. 독서록 쓰기도 마찬가지입니다. 엉성하기 짝이 없는 아이의 독서록에 연연하지 마세요. 그 나이, 그 수준에서 내 아이가 그리고 쓴 최고의 독서록입니다.

◆ Check point! ◆
아이가 독서록을 쓰기 시작했나요?
그렇다면 이제 자신만의 창조적인 글을 쓰고 있는 중입니다.

독서로 논술 대비하는 법

5분 북토크는 읽기만큼 중요하다

주위에서 '우리 애는 지금까지 책을 몇천 권 읽었다'는 자랑 섞인 이야기를 종종 듣습니다. 부모가 이런 말을 들으면 '우리 애는 겨우 한두 권 읽는데…' 하고 가슴이 철렁 내려앉습니다. 물론 책을 많이 읽는 것은 권장할 일이지만 이 경우 아이들이 책의 글자만 읽은 것은 아닐지 생각해볼 필요가 있습니다.

초등 1~2학년은 아직 문장의 전체적인 내용을 이해하기 힘들기 때문에 단순히 많이 읽었다고 그 책을 온전히 소화했다고 볼 수 없습니다. 다양한 분야의 책을 두루 읽는 것은 추천하지만, 닥치는 대로 많이 읽는 '양몰이식 책 읽기'는 자칫 아이가 책 읽는 즐거움을 놓칠 수 있습니다. 초등 1~2학년은 하루 한두 권 정도만 읽어도 괜찮습니다. 이 정도만 해도 일주일에 열 권 이상이 됩니다. 책을 얼마나 많이 읽었느냐보다 얼마나 제대로 읽었는가가 중요합니다. 그럼 초등 1~2학년 아이는 어떻게 해야 제대로 읽는 것일까요?

아이가 책을 덮으면 책에 대해 엄마 아빠와 함께 짧은 북토크를 해보세요. 5분 남짓한 짧은 시간이라도 상관없습니다. 딱히 대화 방법도 필요 없습니다. 읽은 책에 대해 자유롭게 이야기를 나누면 됩니다. 책을 읽고 난 다음 대화 시간을 통해 아이는 읽은 책의 줄거리를 다시 떠올리고 복기하면서 기억력이 좋아집니다. 또한 읽은 내용을 정리하고 대답하는 과정을 통해 사고력도 키울 수 있습니다.

아이와 대화가 잘 이뤄지기 위해서는 아이가 읽은 책을 엄마 아빠도 함께 읽어야 합니다. 아이가 무슨 책을 읽었는지 알아야 어떻게 읽었는지 알 수 있기 때문입니다. 초등 1~2학년이 읽는 책은 비교적 분량이 적고, 글자가 큰데다 쉬운 내용이라 부모가 아이와의 대화에 앞서 얼른 읽을 수 있습니다. 주인공이 누구인지, 이름이 뭔지를 알고, 어떤 마무리인지를 알면 주거니 받거니 대화가 잘 이뤄집니다.

엄마 아빠가 직접 읽은 책은 아니지만 워낙 익숙한 제목이라서 '내용을 알 것 같다'고 생각하고 아이와 대화를 나누기도 하는데, 아이는 몇 마디 대화를 나눠보면 엄마 아빠가 이 책을 읽는지 안 읽었는지 금방 알아챕니다. 초등 2학년쯤 되면 "엄마 아빠는 이 책을 읽지도 않았으면서, 왜 나하고 이야기하자는 건데?" 하는 핀잔을 들을지도 모릅니다. 대화하기 전에 먼저 책을 읽는 것은 아이에 대한 최소한의 예의이니 대충이라도 꼭 읽어보기를 권합니다.

바빠서 이마저도 준비하지 못했다면 온라인 서점에서 아이가 읽은 책을 빠르게 검색하는 방법을 추천합니다. 온라인 서점의 책 소개에는 책의 대략적인 내용과 출판사 서평, 그리고 다른 독자들이 쓴 리뷰들이 올라와 있습니다. 전체적으로 훑어보기에 편하고, 주제와 핵심어, 대략의 줄거리를 파악하는 데 어려움이 없으니, 아이와 대화를 하는 데 도움이 됩니다. 이런 대화는 아이에게는 책이라는 공통 주제를 놓고 의견을 내고 피드백을 나눌 수 있는 기회가 됩니다. 또한 공부의 기초가 되는 자세와 습관을 기를 수 있고 나아가 토론의 기초도 만들어줍니다.

아이와 대화를 시작할 때부터 마칠 때까지 잊지 말아야 할 것은 '공감'입니다. 아이가 책 내용과 다른 이야기를 하더라도 끊지 말고, 그 말에 맞장구를 쳐주세요. 그러면 아이는 신이 나서 더 많은 이야기를 하려고 할 것입니다. 아이가 등장인물의 이름을 잊어버리거나 사건이 일어난 시간과 장소를 다르게 말할 때 부모가 수정해주면 엄마 아빠도 이 책을 함께 읽은 듯한 공감대를 느낄 수 있습니다. 이때 주의할 점은 아이가 대화를 하면서 '엄마 아빠에게 책에 대해 설명해준다'는 느낌이 들어야 합니다. '엄마 아빠한테 배운다'는 느낌이 들면 안 된다는 것입니다. 특히 '엄마 아빠한테 지적당한다'고 느낀다면 이런 대화는 오래 지속되지 못할 것입니다.

논술 학원은 답이 아니다

아이의 교육에 직접 나서는 부모들은 종종 두려움을 가

집니다. '내가 과연 내 잘 가르칠 수 있을까?' 하는 것이지요. 아이를 가르치는 동안에도 걱정은 떠나지 않습니다. 그 고민이 계속되면 결국 "나는 자신 없어, 못하겠어!"라며 포기하고 괜찮다는 학원을 알아보게 됩니다. 하지만 그 두려움을 덜기 위해 학원에 보내고 돈으로 떼우는 것만이 정답이 아닙니다.

사교육을 시킨다고 해서 성공을 거둔다는 보장도 없습니다. 특히 책 읽기와 글쓰기는 더욱 그렇습니다. 강의 몇 번에 실력이 극적으로 높아지는 성질의 학습이 아니기 때문입니다. 책 읽기에 정답은 없습니다. 아이가 즐겁게 꾸준히 읽도록 환경을 만들어주면서 아이 본인에게서 그 답을 찾아야 합니다. 자유로운 분위기에서 아이가 책 읽기를 즐길 수 있을 때 마음껏 상상의 나래를 펼치고 자기만의 읽는 방식과 관점도 찾을 수 있습니다.

아이를 가장 잘 아는 사람은 부모다

실화를 바탕으로 한 〈로렌조 오일〉이라는 영화가 있습니다. 누구보다 화목한 가정에 어느 날 어두운 그림자가 덮쳤습니다. 어린 아들 로렌조가 희귀병 ALD(부신대뇌백질위축

증)에 걸린 것입니다. ALD는 신경중추들이 기능을 제대로 하지 못해 앞을 보지 못하고, 말도 하지 못하고, 듣지도 못하다가 결국 전신마비로 죽음을 맞이하는 치명적인 병으로, 치료약이 없다는 사실이 더욱 절망스러운 병입니다.

아이의 암울한 미래를 예측한 엄마 아빠는 치료약이 기적적으로 나타날 날만 마냥 기다릴 수 없었습니다. 그래서 스스로 방법을 찾아 나서기로 했습니다. 그 후 아들에게 찾아온 불청객을 물리치기 위해 관련 의학서적을 닥치는 대로 탐독하고 연구한 로렌조의 엄마 아빠는 마침내 치료법을 발견하고, 그 덕분에 아이는 병을 물리치고 건강해졌습니다. 내 아이를 위한 엄마 아빠의 노력이 만들어낸 기적입니다.

아이를 위한 선택을 할 때 유독 '이 선택이 과연 옳은가' 하고 두려워집니다. 하지만 이것은 더 나은 해결책을 위해 노력해야 할 때를 알려주는 신호이기도 합니다. 외부에 의탁한다고 해서 그 두려움이 결코 완벽하게 해결되지 않습니다.

◆ Check point! ◆
내 아이의 책 읽기에는 답도 없고, 서두를 필요도 없습니다.

PART 04

초등3~6
독서의 완성,
키보드 독서록

꾸준히 쓰는 것이
최고의 독서록이다

———

독서록 노트만 바꿔줘도 글쓰기가 는다

요즘 아이들은 시간을 들여 책 읽고 독서록 쓰는 것에 대해 귀찮아하는 것을 넘어 비효율적이라고 여깁니다. 궁금한 것이 있으면 검색창을 두드리면 되고, 알고 싶었던 것을 찾으면 이른바 '복붙', 즉 '복사하기'와 '붙여넣기'를 눌러 출력하면 되기 때문입니다. 이 같은 아이의 항변에 부모는 그저 "책을 많이 읽어야 나중에 훌륭한 사람이 된단 말이야" 하는 말밖에 할 수 없습니다. 아이의 주장도 틀린 말은 아니니까요. 하지만 아이가 검색엔진이나 유튜브로 손쉽게 정답 찾기에 익숙해지면 문해력은 물론 사고력도 떨어집니다. 제대로 된 공부가 될 수 없습니다.

그림이 많고 친절한 초등 1~2학년 교과서에 익숙하던 아이들은 글이 늘어난 초등 3~4학년 교과서를 만나면서 교과서 읽기가 힘들어집니다. 그만큼 글을 읽는 데 익숙하지 않은 것입니다. 하지만 꾸준히 책을 읽고 독서록을 쓴 아이들은 교과서 읽기가 어렵지 않습니다. 심지어 재미있다며 국어 교과서에 실린 책을 따로 찾아 읽는 아이들도 있습니다.

아이가 책을 읽고 꾸준히 독서록을 쓸 수 있게 도와준다면 국어 실력은 걱정할 일이 없습니다. 책을 읽고 쓰는 독서록은 방법이 다양할수록 좋습니다. 독서록을 글로만 쓰다 보면 아이가 자칫 지칠지도 모르기 때문입니다. 독서록 노트에는 일반적인 독서록 외에도 앞서 소개했던 그림 독서록, 편지 독서록, 동시 독서록 등이 있습니다. 책 속에 등장하는 새로운 낱말 모아 사전 만들기, 광고지 만들기, 신문기자 되어보기 등 다양한 방법으로 변화를 주면 아이도 지치지 않고 재미있게 독서 활동을 이어갈 수 있습니다.

초등 3~4학년이 되면 격자형 공책 대신 줄만 쳐진 무제 공책으로 쓰기를 권합니다. 공책 형태만 바뀌어도 아이가 글을 쓰기 훨씬 수월해집니다. 공책을 바꿨다고 해서 뭐라고 할 사람은 아무도 없습니다. 더 의욕적으로 쓴다면 오히려 칭찬할 일이지요. 아이와 잘 상의해서 노트의 형태나 글쓰기 방식을 바꿔보세요.

초등 3~4학년, 최고의 공부는 독서

2021년 '대한민국 독서실태조사'에 따르면 초등학생의 독서량이 이전 조사에 비해 87권에서 67권으로 20권 줄었다고 합니다. 독서량이 큰 폭으로 줄어든 이유는 여러 가지가 있겠지만, 가장 큰 이유는 아이들이 점점 바빠져서 책을 읽을 시간을 낼 수 없기 때문입니다.

요즘 초등학생들의 하루를 한번 살펴볼까요? 학교를 마치면 교문 앞에 대기하고 있는 학원 버스를 타고 학원에 가는 것이 흔한 풍경입니다. 바로 학원에 가서 밤 10시까지 이른바 '뺑뺑이'를 돕니다. 저녁 시간에 배가 고프면 쉬는 시간에 학원 부근에 있는 편의점에 들러 간단하게 컵라면이나 빵으로 때우고, 밤 10시가 넘어 집에 돌아오면 그제야 늦은 저녁 식사를 합니다.

이게 끝이 아닙니다. 밥을 먹기 바쁘게 학교와 학원에서 내준 숙제를 하느라 12시가 넘어서 잠자리에 들고 새벽 1시가 넘어 잠을 청할 때도 있습니다. 학년이 올라갈수록 다녀야 할 학원은 늘어납니다. 당연히 해야 할 숙제도 늘어나고, 그만큼 아이의 여유 시간은 줄어듭니다. 그러다 보니 책 읽을 시간이 줄어드는 것은 당연합니다.

초등학생 한 명당 67권이라는 숫자만 살펴보면 꽤 많이 읽는 것 같지만, 그렇지만은 않습니다. 초등 1~2학년은 책을 많이 읽는 반면, 초등 5~6학년은 거의 읽지 않기 때문입니다. 초등 1~2학년 학생들은 평균량인 67권보다 훨씬 더 많은 책을 읽습니다. 글자체는 크고, 두께도 얇은 그림책, 동화책을 주로 읽기 때문입니다.

초등 3~4학년이 되면 학업 때문에 아이들의 독서량이 크게 줄어듭니다. 학교와 사교육에 치여 초등 1~2학년 때에 비해 책을 읽는 시간을 낼 수 없는 것입니다. 또한 초등 3~4학년이 되면 아이가 읽는 책의 수준이 확 달라집니다. 초등 1~2학년 때 읽었던 책보다 그림과 활자는 적어지고 쪽수는 대폭 늘어나서 100쪽 남짓한 책을 읽게 됩니다.

다행히 아이가 초등 1~2학년 때부터 책 읽는 재미를 느꼈다면 초등 3~4학년이 되어도 시간을 내어 책을 꾸준히 읽을 수 있습니다. 하지만 그렇지 않다면 초등 3학년 때 책 앞에서 머뭇거리게 될 가능성이 높습니다. 그래서 이 시기에 책을 좋아히는 아이와 그렇지 않은 아이가 갈리게 됩니다. 이 시기에는 가능한 한 많은 책을 읽어야 합니다. 책을 가려 읽기보다 관심 가는 모든 주제에 걸쳐 다양하게 읽어야 합니다. 그중 유독 흥미를 느끼는 주제의 책을 만난다면 같은 주제의 책을 여러 권 골라 차례대로 읽어도 좋습니다.

초등 책 읽기는 수능의 밑거름

초등 3~4학년은 책 읽기에 가장 중요한 시기입니다. 책을 읽는 데 어려움이 없을 만큼 문자에 익숙해져 있고, 읽는 족족 이해하고 머릿속에 기억되는 시기이기 때문입니다. 게다가 이 시기에 왕성하게 책을 읽고, 책 읽는 습관을 잘 완성해야 초등 5~6학년은 물론 중고등학교 책 읽기로 이어지는 마중물 역할을 할 뿐아니라, 초등 5~6학년부터 본격적으로 어려워지는 학업들을 소화해낼 수 있습니다.

초등 5~6학년이 되면 학업에 흥미를 잃어버리는 학생

들이 급격하게 늘어납니다. 수업 내용이 한층 어려워지는 것도 이유지만, 아무리 글을 읽어도 뜻을 이해하지 못하는 문해력 저하가 가장 큰 이유입니다. 이렇게 문해력이 떨어져 수업을 제대로 따라가지 못하는 아이는 자존감도 떨어져 학교생활이 힘들어질 수 있습니다. 그로 인해 마음이 위축되며 사회성 부족으로 이어져, 아이의 성정에 큰 영향을 끼치기도 합니다.

요즘 대입 수학능력 시험지를 살펴보면 수학 영역에서도 수식 대신 긴 문장들로 구성된 서술형 문제가 가득합니다. 문제를 제대로 풀기 위해서는 주어진 질문을 제대로 읽고, 이해하고, 파악하는 독해력이 필요한데, 제아무리 숫자 개념에 밝은 아이라도 글을 읽는 것이 더디면 수학 문제를 푸는 데 어려움을 겪습니다.

국어와 영어 지문은 말 할 것도 없습니다. 긴 지문이 많으니 보통 속도로 읽으면 시간이 모자라 한두 문제만 겨우 풀게 됩니다. 중고등학교 시험 역시 대입 수학능력 시험을 대비한다는 명목으로 점점 서술형이 많아지고 있습니다. 결국 책 읽는 재미를 모르면 글을 읽고 이해하기 어려워져서 학업에도 영향을 받는 셈입니다.

고학년이 되면 따로 시간을 내지 않는 이상 책을 읽을 시간이 없어집니다. 학년이 높아질수록 과목 수도 대폭 늘어나고 학교에 머무는 시간도 늘어납니다. 학업 난이도에 따라 다니는 학원도 늘어나면서 그만큼 공부할 것도, 숙제도 늘어납니다. 그렇기 때문에 초등 3~4학년에 책을 열심히 읽고, 단단히 습관으로 만들어줘야 합니다.

독서를 좋아하는 아이 중에는 초등학교 때는 두각을 드러내지 못했다 하더라도 중학교에 올라가서 공부에 적극성을 띠고 우수한 성적을 거두는 경우가 많습니다. 책 읽기는 자신이 겪어보지 못한 새로운 환경을 체험하고 새로운 것에 대한 호기심을 넓혀주며, 장래의 성공에도 적지 않은 영향을 미칩니다.

◆ **Check point!** ◆
초등 3~4학년 때 책 읽는 습관은 생각의 폭을 넓혀주고
비판적인 사고력도 길러줍니다.

보물은 가까운 서점에 있다

독서 습관이 명문대 보낸다

지난겨울 지인으로부터 반가운 연락을 받았습니다. 고3인 큰딸이 명문대에 합격했다는 소식이었습니다. 10년 전 '독서와 글쓰기 입문 6주 과정' 수업을 통해 알게 된 지인은 강연 이후에도 초등학교 아이의 책 읽기와 글쓰기를 도맡아 가정 교육하면서 저에게도 수차례 상담을 해왔던 터라, 내 아이의 일처럼 반가워하며 축하해줬습니다. 그는 딸아이가 명문대에 입학한 건 온전히 독서 덕분이었다고 했습니다.

지인은 아이가 어릴 때부터 책 읽기를 잘 배운 덕분에 국어, 영어, 역사, 사회, 과학 등 글로 익히는 과목들을 비교적 쉽게 공부했고, 남는 시간에는 수학 공부에 전념할 수 있었다고 하더군요.

그야말로 어린 시절의 책 읽기 습관이 학습에서 빛을 발한 사례입니다. 지인의 딸은 중고교 시절 중간, 기말고사를 마치면 시험 공부하느라 한동안 읽지 못한 책을 몰두해서 읽으며 스트레스를 풀 정도로 또래의 청소년들에게서는 찾아볼 수 없는 부러운 책 읽기 습관을 몸에 익히고 있었습니다.

"따님이 그렇게 책 읽기를 좋아하게 된 이유가 뭘까요?"

제가 물었습니다.

"작가님도 아시다시피 책 읽기 자체는 즐거운 일이잖아요. 저는 딸이 그걸 직접 몸으로 느낄 수 있도록 노력했어요. 우선 아이들이 거실에서 공부할 때 저도 그 옆에서 책을 읽었어요. 아이들이 공부하는 시간을 나의 책 읽는 시간으로 만들자고 생각하니까 그리 어렵지 않았지요. 그리고 주말마다 가족이 다 함께 서점에 갔어요. 도서관도 몇 번 갔었지만 아이들이 서점을 더 좋아하더군요. 한 시간 남짓 아이들이 읽고 싶은 책을 고르고 나면 돌아오는 길에 아이가 먹고 싶다는 맛집에 들러 외식을 하고, 조용한 카페에 가서 맛있는 디저트를 먹으면서 구입한 책을 읽으며 시간을 보냈어요. 2주에 한 번 꼴로 이렇게 서점 순례를 했는데, 아이들이 가장 좋아하는 작은 집안 행사였지요."

책은 사서 읽히자

아이가 읽을 책은 가급적이면 구입하기를 권합니다. 책을 구입해줘야 할 여러 이유가 있지만, 우선 빌린 책이 아니라 자기 책을 갖게 되면 책을 읽은 후 독서록을 쓰는 데 큰 도움이 됩니다.

독서는 아이 스스로 아웃풋을 낼 수 있을 때 완성됩니다. 아이가 독서록 쓰기를 어려워하고 싫어하는 이유 중 하나는 '책을 내 마음대로 하지 못하기' 때문입니다. 독서록을 쓰려면 인풋과 아웃풋 사이에 책을 읽으면서 생각하고, 공감하고, 반론하는 피드백 과정이 필요합니다. 아이가 책 한 권을 뚝딱 읽고 덮어버리는 것이 아니라, 읽은 책에 대해 이야기하고 글로 남길 수 있어야 합니다.

특히 초등 3학년이 되면 읽는 책의 수준이 달라집니다. 아이가 책을 읽고 제대로 이해하려면 책을 읽는 중간마다 중심 단어, 중심 문장, 주제, 인상적인 대목 등을 찾아 밑줄을 치거나 색칠을 하고, 책장 한쪽을 접어서 표시하고, 가능하다면 여백에 자신의 생각을 적는 것이 좋습니다.

그런데 도서관에서 빌린 책은 인풋 외에 아웃풋으로는 활용할 수 없다는 단점이 있습니다. 물론 도서관에서 빌린 책은 읽기만 하고 따로 노트에 피드백을 따로 적을 수 있지만, 여간 번거로운 일이 아니지요. 대학 강의를 듣는 것도 아니고 책을 읽으면서 따로 기록하다 보면 인풋과 아웃풋 과정이 뒤엉켜서 책 읽기 자체가 귀찮은 일이 되기 쉽습니다. 가장 좋은 방법은 책을 읽으면서 그때그때 본문에 표시하고 밑줄을 치면서 내 생각을 적는 것입니다. 그러려면 '내 마음대로 할 수 있는 내 책'이어야 합니다.

읽고 싶은 책 10권 중 2권 고르게 하자

저와 아이가 서점에 가면 책을 고르는 방법이 있습니다. 만약 책을 두 권 정도 사고 싶다고 하면 먼저 아이에게 읽고 싶은 책 열 권 정도를 골라 오게 합니다. 읽고 싶은 책 열 권

을 가져오면 "이 중에서 지금 가장 읽고 싶은 두 권을 골라
봐"라고 말한 뒤 아이가 다시 선택하게 합니다. 그러면 아이
는 열 권 중에서 또다시 고민을 하는데, 보통 세 권 정도 고
른 후에 '더 이상 뺄 게 없다'고 투덜댑니다.

이런 방법으로 아이가 책을 직접 고르면 만족도도 높고
구입한 책을 완독하는 확률도 높습니다. 또한 아이는 스스
로 선택하고 결정하는 자율성을 배웁니다. 자기가 고른 책
을 끝까지 읽어야 한다는 책임감도 느끼게 되지요. 책을 고
르고 나면 저 역시 아이들과 근처 카페에 가서 아이스크림
이나 차를 마시며 구입한 책에 대해 이야기하거나 외식을
하면서 서점에 가는 날은 항상 즐거운 일이 생긴다는 기억
을 만들어주려고 노력합니다.

아이가 읽고 싶어하는 책이 전집이나 시리즈일 때는 온
라인이나 오프라인 중고서점을 뒤지기도 하고, 당근마켓에
서 검색하기도 합니다. 같은 동에 사는 이웃들을 통해 책나
눔을 받기도 하고 교환도 하지요. 중요한 것은 아이에게 '내
책'을 안겨주는 것입니다.

책을 빌리지 않는 이유는 하나 더 있습니다. 바로 아이
만의 서재를 만들 수 있기 때문입니다. 자신이 읽은 책이 책

꽂이에 한 권 한 권 채워가는 경험은 놀랍습니다. 아이는 언제든 '내가 이렇게 많이 읽었구나' 하고 한눈에 알아볼 수 있고, 이번 달에 읽을 책을 가늠할 수 있습니다. 이 책들은 '내가 읽은 책'이기 때문에 제목만 봐도 그 내용이 머릿속에 떠오릅니다. 한마디로 책꽂이는 아이에게 언제든 확인하고 활용할 수 있는 자신만의 지식 공간이 됩니다.

읽고 싶은 책을 구하기 위해 책방이나 서점을 가고, 구입한 책을 나만의 서재에 넣고 언제든 읽을 수 있다면 아이의 생활 속에 책 읽기가 들어 있는 셈입니다. 서점 순례가 경제적으로 부담스러울 수 있습니다. 하지만 나중에 아이를 문해력 부족으로 독서논술학원에 보낼 염려 따위는 없을 거라고 생각한다면 그리 큰 부담은 아닙니다.

아이가 스스로 선택한 책을 마음껏 읽을 수 있도록 시간적인 여유도 만들어주고, 완독했다고 하면 처음으로 받아쓰기 100점을 받아왔을 때처럼 칭찬해주세요. 그러면 아이는 '내가 책을 읽으면 엄마 아빠가 정말 좋아한다'고 느끼고 힘을 얻어서 다음 책 읽기에도 열중하게 됩니다.

어릴 때부터 서점에 대한 좋은 기억을 가진 아이는 성인이 되어서도 서점을 찾고 책을 읽게 됩니다. 책을 즐겨 읽는 독서인들은 서점을 가면 늘 설렙니다. 저는《행복한 부자 학교 아드 푸투룸》이라는 아이들을 위한 경제 동화 시리즈를 쓰고 있습니다. 부자 학교의 도서관 이름을 '트레져 아일랜드', 즉 보물섬이라고 지었습니다. 내가 읽고 싶은 책으로 가득한 그곳을 가는 마음은 보물섬으로 걸어 들어가는 탐험가의 마음과 같기 때문입니다.

◆ **Check point!** ◆
아이가 서점에 가서 자기만의 책을 갖게 해주세요.
독서 달인이 되는 첫걸음입니다.

아이에게 전자책은 금물이다

―――――

전자책은 종이책만 못하다

코로나 펜데믹으로 아이들이 거의 1년 넘게 학교를 가지 못하던 때가 있었습니다. 이 시기에 선생님들은 학생 없는 교실에서 카메라를 보고 수업을 했고, 아이들은 저마다 집에 머물며 화상회의 프로그램으로 선생님의 수업을 들어야 했습니다. 과외는 물론 학원도 갈 수 없는 상황이었지요. 학력 격차를 우려한 엄마 아빠가 선택한 것은 온라인 학습지였습니다. 학습지 기업들은 앞다투어 아이들이 학년별로 읽을 수 있는 책 수천 권을 전자도서관을 통해 제공하기 시작했습니다. 이때부터 아이들이 전자책을 접하기 시작했고 전자책 독자수가 급격하게 늘었습니다. 전자책은 종이책에 비해 여러모로 장점이 있습니다.

첫 번째, 종이책에 비해 가격이 저렴합니다. 온라인 학습지에서 연계하는 전자도서관의 책 수천 권은 모두 무료 이용이 가능합니다.

두 번째, 읽고 싶은 책을 발견하면 구입 즉시 볼 수 있어 시간이 절약됩니다. 요즘은 온라인 서점에서 오전에 주문하면 당일 저녁에 받아볼 수 있을 만큼 배송이 빨라졌다고 하지만, 신청하자마자 볼 수 있는 전자책만큼 빠르지 않습니다.

세 번째, 휴대가 편합니다. 전자책이 유행하기 전, 종이책은 엄마 아빠가 아이와 함께 여행을 가거나 외식을 할 때면 읽을 만큼 따로 챙겨가야 하는 무거운 짐이었습니다. 하지만 전자책은 태블릿 속에 파일로 넣는데다 한 번에 수십, 수백 권을 저장할 수 있어 여간 편한 것이 아닙니다. 아무리 책을 많이 사도 집 안에 서재를 늘릴 필요가 없다는 공간적 장점으로 이어지지요.

의미보다 느낌만 남는 전자책

그럼에도 불구하고 아이들은 종이책을 읽는 것이 좋습니다. 전자책은 기본적으로 종이책과 읽는 방식이 다르기 때문입니다.

종이책은 왼쪽 끝에서 시작하여 오른쪽 끝까지 읽고 한 줄씩 내려가면서 읽습니다. 책을 읽다가 잠시 딴생각을 하거나, 이해가 안 되면 몇 줄 위로 다시 되짚어 올라가서 찾아 읽게 되지요. 반면 전자책은 몇 줄씩 듬성듬성 읽는 경향이 있고, 위로 더듬어 찾아 읽는 경우는 거의 없습니다. 주로 온라인에서 뉴스를 보거나 SNS 피드를 읽는 방식과 비슷합니다.

《다시, 책으로》의 저자인 뇌과학자 메리언 울프(Maryanne Wolf)는 전자책 읽기 방식을 'F자 혹은 Z자 읽기'라고 했습니다. 글을 읽으며 눈이 텍스트를 따라 움직이는 방식을 설명한 것으로, F자 읽기는 처음 몇 줄을 대충 읽다가 중간을 건너뛰고 마지막 몇 줄을 읽는 방식입니다. 그리고 Z자 읽기는 단락 앞 부분에서 몇 줄을 읽다가 지그재그 방식으로 대각선을 타고 시선이 내려오는 방식입니다. 중간 부분은 느낌으로 읽다가 마지막 결론에 멈춰 몇 줄을 주의 깊게 읽는 방식이기도 하지요. F자 읽기와 Z자 읽기는 짧은 시간에 많은 양의 정보를 접하는 데 유리합니다. 그래서 헤드라인을 살피며 뉴스를 보거나, 짧은 정보들을 훑어보는 데는 딱히 문제가 없습니다.

하지만 이러한 읽기 방식은 아이들의 책 읽는 습관에는 치명적입니다. F자나 Z자로 읽기와 같이 얕고 빠른 읽기 방식에 익숙해지면 종이책으로 읽을 때는 깊이 몰입하기가 어려워지기 때문입니다. 전자책에 적응된 아이는 종이책을 펼치고도 대충 전체적인 내용만 파악하려 하거나, 의미보다는 느낌으로 읽으려는 습관이 생길 수 있습니다. 학년이 높아질수록 그림은 줄고 글이 많은 책을 읽을 텐데, 이런 습관이 생기면 종이책을 읽기가 점점 힘들어지니 자연스럽게 책 읽기를 싫어하게 될 가능성이 높습니다.

게다가 전자책은 태생적으로 글을 빨리 읽고 싶어지게 만드는 특징이 있습니다. 특히 서둘러 끝에 도달하고 싶은 욕구를 자극하여 독자를 재촉합니다. 우리가 보통 온라인에서 긴 글을 만났을 때 '스압(스크롤 압박)'이라고 부르는 것 또한 이 욕구에서 비롯된 것이지요. 모니터나 스크린으로 정보를 볼 때는 정보를 후루룩 읽고 넘겨버리는 데 익숙하기 때문입니다.

학교 수업은 종이책 중심이다

빨리 읽으면서 정보를 습득할 수 있는 것은 전자책의 장점이지만, 종이책까지 같은 방식으로 대충 훑어보게 만들어버리니 문제입니다. 완전히 몰입하면서 읽는 종이책의 장점이 없어진다는 뜻입니다. 특히 아이들이 전자책 읽기에 익숙해지면 학업에도 악영향을 받을 수 있습니다. 학교에서 진행되는 거의 모든 수업과 과제, 시험은 종이 위에 새겨진 활자들로 이뤄집니다. 교과서도 종이책이고, 시험지도 종이입니다. 그렇다면 전자책을 읽어 온라인 활자에 익숙한 학생과 종이책을 읽어 오프라인 활자에 익숙한 학생 중에 어느 쪽이 더 학업에 더 열중할 수 있을까요? 답은 이미 나온 셈입니다.

종이 인쇄물을 읽는 데 익숙한 성인들은 종이책의 단점을 보완하는 수단으로 전자책을 즐길 수 있고 훌륭한 대안으로 활용할 수 있습니다. 하지만 어릴 때부터 전자책에만 익숙해진다면 깊이 있는 책 읽기와 몰입하는 책 읽기를 할 수 없습니다. 이것이 많은 장점에도 불구하고 우리 아이들에게는 전자책보다 종이책 읽는 습관을 먼저 길러주야 하는 이유입니다.

◆ **Check point!** ◆

전자책은 태생적으로 글을 빨리 서둘러 읽게 만듭니다.

독서보다 숙면

스마트폰이 아이의 수면을 방해한다

책 읽기보다 더 중요한 것이 하나 있습니다. 바로 수면입니다. 초등생 아이들은 매일 꾸준히 자라서 특별히 운동을 하거나, 약을 먹지 않아도 밥만 잘 먹고 잠을 잘 자면 매년 평균 6센티미터씩 키가 자랍니다. 여기서 '키가 큰다'는 말은 몸도 커지고 두뇌도 함께 큰다는 뜻입니다. 앞서 아이의 머리가 가장 좋아지는 시기는 초등학교 시절이라고 말했는데, 키도 커지고, 머리도 좋아지려면 잠을 충분히 자야 합니다.

즉, 우리 아이가 키 크는 시간은 다름 아닌 꿈나라에 가 있는 동안입니다. 그런데 잠을 줄이고 다른 일을 하는 바람에 아이들이 충분히 자라지 못하고 있습니다. 요즘 대형병원 성장 클리닉에 가보면 초등학생들로 가득합니다. 성장은 더딘 반면 성조숙증이 온 초등 5~6학년도 많습니다. 이런 걱정스러운 광경에는 아이들이 쑥쑥 키가 크기를 바라는 엄마 아빠의 마음이 한몫하겠지만, 한창 키가 커야 할 시기에 좀처럼 키가 크지 않는 아이들이 많다는 반증이기도 합니다.

알파 세대인 우리 아이들은 컴퓨터와 태블릿, 스마트폰, 심지어 비디오 게임 등 모니터가 뿜어내는 밝고 푸른 전자파 때문에 잠을 푹 잘 시간을 빼앗깁니다. 깊은 수면을 방해하는 이유이기도 합니다. 물론 과학 기술의 특혜로 그 어느 세대보다 하고 싶은 것도 많고, 주어지는 것도 많은 세대입니다. 하지만 그로 인해 가장 왕성하게 성장해야 할 시기에 제대로 크지 못하고 있습니다.

수면이 부족하면 학습효과도 떨어진다

잠은 너무 적지도 많지도 않게 적당히 자야 합니다. 잠을 적게 자면 건강에 치명적이고, 반대로 너무 많이 잔다고 해도 건강과 휴식에 도움이 안 됩니다. 초등 1~2학년은 최소 10시간, 초등 3~6학년은 최소 9시간을 자야 합니다. 그런데 아이가 충분히 자야 한다고 하면, 이렇게 항변하는 엄마 아빠들이 적지 않아 놀라울 때가 있습니다.

"요즘 애들이 할 일이 얼마나 많은데, 하루 9~10시간씩 재우면 다른 건 아무것도 못한다고요."

물론 아이가 학교를 다녀오면 학원도 가고, 과외도 받아야 합니다. 저녁도 먹어야 하고, 학교와 학원에서 내준 숙제도 해야겠지요. 하지만 아이가 피곤하면 학원에 가고 과외를 한들 집중이 될 리가 없습니다. 전날 충분한 수면을 취하지 못하면 아침에 일어나도 머리가 멍하고 하루 종일 졸린 상태가 되어서 학교생활도 힘들어집니다.

요즘에는 초등학생들도 수업 시간에 졸다가 선생님의 지적을 받거나, 쉬는 시간과 점심시간에 책상에 엎드려 잠드는 아이들이 적지 않습니다. 수업이 늘어난 3학년부터 부쩍 많아졌다고 합니다. 내 아이가 학교에서 졸지 않게 하려면 엄마 아빠가 잠 자는 시간을 가장 먼저 확보해주고 그 다음에 다른 것들을 할 수 있도록 해야 합니다.

시간이 부족하다면 학원을 줄여서라도 수면 시간을 확보해줘야 합니다. 늦은 밤까지 졸린 눈을 비비며 공부한다면, 잠도 부족할 뿐더러 학습 효과도 크게 떨어집니다. 아이가 제시간에 잠을 푹 잔 뒤 아침에 일어나면 학교에서 맑은 정신으로 집중할 수 있으니 공부 시간은 줄어도 학습 효과는 더 좋아집니다.

학교를 가는 날은 좀 덜 자고 주말에 늦게까지 자면 된다고 말하는 부모들도 많습니다. 하지만 잠은 매일 정해진 시간에 푹 자야 하고 정해진 시간에 일어나는 것이 우리 몸에 가장 좋습니다. 그래야 그날 쌓인 피로가 그날 해소됩니다. 평일에 부족했던 잠을 마치 벼락치기하듯 주말에 몰아서 잔다고 그간 쌓인 피로가 풀리는 것이 결코 아닙니다. 오히려 수면 패턴이 무너져서 월요일 아침에 더 피곤해지는 악순환이 일어납니다.

한 수면 전문가는 우리가 매일 수면 시간을 줄이면 정확하게 그만큼 수명도 줄어든다고 말합니다. 즉, 하루 1시간 잠을 줄이면 수명도 1시간 줄어든다는 것입니다.

과학계에서 아직 충분하게 밝혀지지 않은 것 중 하나가 모든 동물이 잠을 잔다는 사실입니다. 외부의 공격에 대비하려면 항상 주의를 기울여야 한다는 것을 알면서도 왜 잠을 자야 하는지에 대한 비밀은 완전히 풀리지 않았습니다. 하지만 잠을 충분히 잘 때와 잠이 부족할 때 몸에 일어나는 변화를 통해 수면이 동물에게 미치는 영향이 얼마나 대단한지는 조금씩 밝혀지고 있습니다.

8~9시간은 꼭 숙면을 취해야 한다

잠은 매일 우리의 뇌와 몸을 리셋하는 가장 효과적인 수단입니다. 우리가 잠을 자는 건 스마트폰 배터리를 충전하는 것과 같습니다. 스마트폰을 하루 종일 사용하려면 미리 100%로 충전해야 합니다. 우리 몸도 마찬가지입니다. 잠이 부족하면 어떨까요? 한창 왕성하게 활동해야 하는 때에 에너지가 떨어져 정신이 혼미해지고 연신 하품이 나오지요. 눈은 점점 빨개지는 데다 무엇에도 집중하기 힘들고, 더 심하면 제대로 듣거나 생각할 수조차 없습니다.

하루가 끝나는 저녁쯤 되면 피로가 쌓이지만, 잠을 자고 나면 언제 그랬냐는 듯 피로가 사라집니다. 우리가 낮에 활동하는 동안 몸에는 '아데노신'이라는 졸음 화학 물질이 쌓입니다. 밤이 될수록 아데노신으로 인해 수면 압력이 점점 높아져서 피곤함과 졸음을 느끼게 됩니다. 하지만 우리가 잠에 빠지면 뇌세포들이 하루 종일 몸 안에 쌓였던 아데노신을 조금씩 분해하기 시작합니다. 그래서 푹 자고 나면 아데노신이 깨끗하게 분해되어 기분이 개운해지고 활력이 생겨나서 몸과 뇌가 다시 새롭게 운동을 합니다. 그런데 잠이 부족하면 아데노신이 완전히 분해되지 못하여, 아침에 깨어나도 여전히 졸리고 피곤함을 느낍니다.

충분한 잠은 우리가 하루를 보내면서 경험한 일들을 기억하는 데도 도움을 줍니다. 우리가 하루 종일 마주치는 수많은 문제와 과제들을 보다 수월하게 판단하고 선택하는 것이 가능하지요.

기억을 담당하는 뇌 기관은 해마입니다. 수면 시간과 뇌의 해마 크기의 상관관계를 조사해보니 8~9시간 자는 아이는 5~6시간밖에 못 자는 아이보다 해마 부피가 컸다고 합니다. 우리가 잠든 동안 그 경험들을 머릿속에 저장하고 기억할 수 있도록 돕는 것입니다. 충분한 잠은 아이의 학습에 큰 도움을 주어 학업 성적도 올라갑니다. 매년 수능 만점자들이 하나같이 만점 비결로 '잠을 푹 자고 이른 아침에 맑은 정신으로 공부하는 것'을 꼽았습니다.

수면은 아이의 정신 건강과 감정 조절에도 큰 도움을 줍니다. 전날 충분히 잠을 자면 하루 종일 짜증이나 화가 나지도 않습니다. 하지만 잠이 부족한 날은 정반대입니다. 사소한 일에도 쉽게 짜증이 나고 심하면 자신도 모르게 화를 내기도 합니다. 아이의 기분 좋은 하루를 위해서라도 잠을 충분히 재워야 합니다.

요즘에는 과체중이나 비만인 아이들이 많습니다. 보통 늦은 밤까지 먹기 때문입니다. 늦은 밤까지 잠들지 못하면 과식을 억제하는 '렙틴'이라는 호르몬이 분비되지 않고, 오히려 식욕을 돋우는 호르몬 '그렐린'이 분비됩니다. 그래서 늦은 밤이면 유독 배고프고, 자꾸만 뭔가를 먹고 싶어서 참을 수가 없게 됩니다. 게다가 이때는 유난히 과자나 아이스크림처럼 설탕과 지방이 가득한 음식만 먹고 싶어집니다.

이 모든 것이 그렐린의 장난 때문입니다. 밤늦게 야식을 먹고 나면 식곤증 때문에 계획한 공부는 하나도 못한 채 부른 배를 끌어안고 잠자리에 듭니다. 그리고 다음 날 부은 얼굴로 아침을 맞이하지요. 믿고 싶지 않겠지만 하루에 6시간 자는 사람은 8시간 이상 자는 사람보다 과체중이 될 가능성이 평균 23%나 높다고 합니다.

반면 일찍 잘수록 다이어트에 도움이 됩니다. 우선 야식을 먹지 않으니 살이 찔 이유가 없어집니다. 게다가 밤 10시에서 새벽 2시에는 성장 호르몬이 가장 왕성하게 분비되어, 키도 크고 몸이 자라느라 온몸이 활성화되는 시간이기도 합니다. 아이가 잠에 빠져 있는 동안 아이의 뇌와 몸은 성장하고 소화하느라 낮에 활동하는 것과 비슷하게 끊임없이 운동을 하고 있습니다. 그래서 잠을 자는 동안은 자연스럽게 살이 빠집니다.

늦어도 밤 10시에는 재워라

매일 충분히 잠을 자는 아이들은 다음 날 상쾌한 기분으로 하루를 보낼 수 있습니다. 지금도 늦지 않았습니다. 아이가 초등 3학년 이상이라면 이르면 9시, 늦어도 10시까지는 무조건 잠자리에 들어서 하루 9시간 이상 충분히 자도록 수면 패턴을 만들어주어야 합니다.

평소 늦게 자는 습관을 갑자기 바꾸기란 쉽지 않을 것입니다. 처음에는 아무리 일찍 누워도 좀처럼 잠들지 못할 수 있습니다. 그래도 포기하지 말고 불을 끄고 눈을 감아야 합니다. 이렇게 가수면을 하는 것만으로도 실제로 잠을 자는 것과 비슷한 효과가 일어납니다. 스스로 '나는 잠을 자고 있다'라고 생각하며 잠을 청하면, 3일 혹은 일주일만 지나도 아이의 수면 패턴이 조금씩 변할 것입니다.

마지막으로 아이가 학교에서 피곤을 느끼고 졸음이 쏟아진다면 쉬는 시간에 잠깐이라도 잠을 자는 것이 좋습니다. 이를 '마이크로 휴식'이라고 부릅니다. 졸음은 제거 대상이 아닌 피로 회복의 기회입니다. 쉬는 시간에 5분이라도 눈을 감고 쪽잠을 잔다면 훌륭한 꿀잠이 됩니다.

◆ **Check point!** ◆
충분한 잠은 아이의 키를 키우고 머리를 좋아지게 합니다.

"글쓰기가 싫은 게 아니라
글쓰기가 힘들다고요!"

말 잘하는 것과 글 잘 쓰는 것은 다르다

초등 1~2학년 수업 때는 대부분 큼지막한 정사각형 격자로 된 공책을 씁니다. 넓은 공간에 한 글자 한 글자 또박또박 쓰면서 학습과 동시에 올바른 순서로 바르게 쓰는 연습을 할 수 있습니다. 독서록도 마찬가지입니다. 초등 1학년 때는 그림을 그릴 수 있는 공간이 마련된 격자형 공책에 독서록을 쓰고, 초등 2학년 때는 서술을 위주로 공간이 있는 격자형 공책에 독서록을 써서 자신의 생각을 마음껏 표현하는 연습을 합니다.

하지만 초등 3~4학년이 되면 사정이 조금 달라집니다. 부모 세대와는 다르게 요즘 초등학생들은 연필을 쥐고 글을 쓰는 것을 힘들어하거나 싫어합니다. 평소에는 연필보다 휴대폰이나 컴퓨터 자판으로 글을 입력하는 데 더 익숙하기 때문입니다. 그래서 연필로 글을 쓰는 것을 꺼려하다 보니 악필이 되는 학생들이 점점 많아지고 있습니다. 특히 본격적인 글쓰기를 시작해야 할 초등 3~4학년에 더 두드러지는 경향이 나타납니다. 숙제를 한다고 해도 마지못해 쓰다 보니 내용도 부실하고 글씨체도 엉망입니다. 읽은 책에 대한 생각과 느낌을 쓰는 독서록은 더더욱 그렇습니다.

제 아이도 마찬가지였습니다. 3학년이 되어 매주 한두 권씩 꾸준히 책을 읽었고, 책을 읽은 뒤 저와 함께 대화를 나눌 때는 말로 표현도 잘했는데, 막상 독서록을 쓴 것을 보면 너무 실망스러웠습니다. 내용이 부실하기 짝이 없고 문법도 맞지 않는가 하면 성의 없이 쓴 문장으로 가득했습니다. 하지만 아이에게 독서록에 대해 지적하면 흥미를 잃고 기껏 잡힌 책 읽기 습관이 무너질까 봐 아이가 독서록을 쓸 때 유심히 관찰하기로 했습니다. 정확히 한 달, 아이가 네 편의 독서록을 쓰는 것을 지켜보고 나서 저는 아이가 왜 그렇게 독서록을 쓰는지, 그리고 요즘 아이들이 왜 글쓰기를 싫어한다고 하는지 이해하게 되었습니다. 문제는 글을 쓰는 과정에 있었습니다.

연필로 글 쓰는 것은 낯설 수밖에

어느 일요일 저녁, 주말 동안 계속 독서록 숙제를 미루고 있는 아이에게 물었습니다.

"독서록 쓰기가 그렇게 싫어?"

"응, 아주 많이."

"어떤 점이 그렇게 싫은데?"

"음⋯."

잠시 생각을 하는 듯 눈동자를 위로 뜨고 잠시 고민하던 아이가 다시 입을 열었습니다.

"책을 읽고 나서 쓰고 싶은 말이 있긴 한데, 연필로 쓰는 게 너무 힘들고 귀찮아서 대충 줄여서 쓰거든. 숙제라서 억지로 참아가면서 꾸역꾸역 쓰고는 있는데⋯. 내가 이러는 게 별로 마음에 안 들어."

생각조차 못했던 아이의 대답에 저는 당황했습니다. 초등 2학년까지는 짧고 서툴러도 정성 들여 독서록을 쓰던 아이가 한 학년이 올라간 이후부터 독서록을 쓸 때마다 쓰고 지우기를 거듭하며 짜증을 내던 장면이 순간 획 스쳐지나갔지요.

'아차!' 싶었습니다. 어쩌면 '아이들이 글을 못 쓰는 게 아니라 힘들어서 안 쓰는 건지도 모르겠다'는 생각이 들었습니다. 저는 책을 읽고 글을 쓰는 당사자인 아이는 전혀 생각하지 않았던 것이지요.

스마트폰을 손에 쥐고 태어난 요즘 어린이들에게 아날로그 방식, 즉 연필로 글을 쓰는 건 그 자체로 낯설고 힘든 일일 수밖에 없습니다. 초등 1~2학년 때는 연필로 글쓰기에 익숙해져야 하기 때문에 학습 차원에서 힘들어도 익혀야 한다지만, 학습량도 늘어나고 본격적인 글쓰기를 시작해야 할 초등 3~4학년이 되면서 문제가 되었습니다. 초등 1~2학년 때보다 글밥이 훨씬 많아지고 두꺼워진 책을 읽으면 당연히 책을 읽으면서 드는 생각과 느낌도 늘어나고 덩달아 독서록에 글을 써야 할 내용도 늘어납니다. 문제는 여기부터 시작되었습니다.

초등 1~2학년 때는 쓰는 분량이 짧아서 글자를 틀리면 지우개로 바로 지우고 고쳐 쓰는 것이 어렵지 않습니다. 하지만 글자에 익숙해진 초등 3~4학년 이상이 되면 틀린 글자 수는 줄어든 반면, 새로 고쳐 써야 하는 경우가 훨씬 많아집니다. 맥락에 맞게 써야 하니 한두 문장을 지우거나 한 문단 전체를 고쳐 써야 하는 일이 생기기도 합니다.

그런데 글을 쓰다 지우개로 지우고 거기에 덧대어 또다시 글을 쓰기가 귀찮고 어려웠던 것입니다. 게다가 아이들 손은 정교하지 못해서 지우개로 깨끗하게 지워지지도 않고, 자칫 힘이라도 세게 주어 종이가 찢어지기라도 하면 새로운 종이에 다시 써야 하지요. 이런 일이 반복되다 보니 글쓰기가 귀찮아져서 글 내용에 충실하기보다는 '에이, 쓰고 싶은 건 많지만 이 정도에서 그만 쓰자'는 식으로 서둘러 마무리해버립니다. 결국 연필로 글쓰기가 힘들어서 아이가 충분히 만족할 만큼의 글을 쓰지 못하는 것입니다.

지우개로 지울수록 좋은 글이 된다

이런 사실을 알지 못한 저는 부실하기 짝이 없는 아이의 독서록을 보면서 '억지로 대충 쓰는 독서록이 도대체 무슨 소용일까?' 하는 생각을 많이 했습니다. 그렇다고 아이에게 '독서록 쓰기가 그렇게 싫으면 그만둬라' 하고 말할 수도 없는 노릇입니다. 독서록을 통해 스스로 책을 읽으며 배우고 느낀 소감을 밝히는 일이 중요하다는 것을 누구보다 잘 알고 있었으니까요.

다만 중고등학교에 진학하면 공부할 것이 너무 많아서 책 읽기조차 힘들어질 테니, 책 읽기와 독서록 쓰기를 제대로 바로 잡을 시기는 초등학교뿐이라는 사실 때문에 고민이 되었습니다. 아이가 연필로 어느 정도 읽을 만한 수준의 독서록을 쓰려면, 퇴고, 즉 그토록 귀찮아하는 고쳐쓰기를 많이 해야 하기 때문입니다.

글을 쓰려면 기본적으로 썼다 지우고 다시 쓰기를 반복해야 합니다. 제아무리 훌륭한 작가라도 단 한 번에 훌륭한 글을 척척 써낼 수는 없습니다. 글쓰기를 생업으로 삼고 있는 작가라면 누구든 글을 쓴 뒤에 고쳐 쓰고 또 고쳐 쓰면서 자신이 쓴 글을 다듬는 과정을 거쳐야 합니다.

최고의 작가들도 퇴고는 피할 수 없었다

세계적인 소설가 헤밍웨이(Ernest Hemingway)는 어느 인터뷰에서 "내 초고는 쓰레기다"라고 말한 바 있습니다. 노벨문학상을 받을 만큼 뛰어난 솜씨를 지닌 헤밍웨이조차도 자신의 글 또한 초고 단계에서는 눈 뜨고 봐줄 수 없을 만큼 엉성하기 짝이 없다고 고백한 것이지요. 작가라면 누구나 '글을 얼마나 많이 고쳐 썼느냐에 따라 글의 완성도가 달라진다'는 말에 동의할 것입니다. 어쩌면 훌륭한 작가라 불리는 사람들은 누구보다 열심히 고쳐쓰기를 한 사람들인지도 모릅니다.

작가들이 처음 글을 쓰기 시작할 때는 머릿속으로 떠올리고 생각한 것을 놓칠 세라 서둘러 글로 옮깁니다. 이런 식으로 계속 글을 쓰다가 어느 정도 마무리되면 써놓은 글을 읽어보면서 어색한 부분은 고치고, 부족한 부분은 보완하기도 합니다. 이 지루한 과정을 수없이 반복해야 비로소 읽을 만한 글이 됩니다.

작가들도 힘들어하고 좌절하는 단계 중 하나가 바로 고쳐쓰기입니다. '몇 번을 고쳐 쓰면 완성도가 이만큼 올라간다'는 공식 같은 것은 없으니까요. 힘들여 쓴 글을 더 좋은 글로 만들기 위해 새로 고쳐 쓰는 것만큼 고된 일도 없는데다. 잘 쓴 글에는 정답이 없으니 끝없이 고치고 또 고쳐야 하기 때문입니다.

　소설가 조정래 선생이나 김훈 선생처럼 아직도 원고지에 연필로 쓰는 작가들도 여전히 존재합니다. 이분들은 몸으로 글을 쓴다고 해서 '육필 작가'라고도 부릅니다. 이처럼 손으로 글을 쓰는 작가들은 집필 중 마음에 들지 않으면 지우개로 지우고 고쳐 쓰거나 쓰던 원고지를 찢어버리고 다시 쓰기를 반복했습니다. 그래서 하루 종일 글을 쓰고 나면 책상 바닥에 쓰다만 원고지 뭉치가 수북했다고 합니다.

　타자기로 글을 쓰는 작가는 글을 쓰다 마음에 들지 않으면 원고지를 찢고 새로운 종이를 타자기에 끼워 넣고 다시 타이핑을 하거나 화이트 잉크로 덧대어 바르고 말린 후에 타이핑을 했습니다. 훌륭한 작가들도 이럴진대 아이들이 연필로 독서록 쓰기는 얼마나 힘이 들까요?

　저는 아이가 좀 더 편하고 쉽게 독서록을 쓸 수 있는 방법을 고민했습니다. 그리고 의외로 쉽게 방법을 찾아냈습니다. 효과는 놀라웠습니다. 새로운 독서록 쓰기 방법에 익숙해질수록 독서록 쓰기에 대한 아이의 부담은 크게 줄어들었고, 공책 한 장을 겨우 채우던 독서록은 두세 장을 훌쩍 넘을 만큼 늘어났습니다. 물론 글솜씨도 놀라울 만큼 좋아졌습니다. 이젠 써야 할 글이 너무 많아서 손가락이 아프다며 행복한 고민을 할 정도가 되었습니다. 이 모든 것이 바로 아이와 함께 고민하면서 찾아낸 키보드 독서록 덕분이었습니다.

◆ Check point! ◆
아이 자신도 글을 잘 쓰고 싶어합니다.

알파 세대에게 필요한
키보드 독서록

아이도 부모만큼 잘하고 싶다

아이도 부모가 바라고 원하는 대로 하고 싶어합니다. 그래서 부모로부터 칭찬받고 싶고 행복해하는 부모의 얼굴을 보고 싶어합니다. 그런데 왜 그러지 못하는 것일까요? 아직 부모의 바람만큼 아이의 능력이 완성되지 못했고, 그렇게 할 수 있는 구체적인 방법을 잘 알지 못하기 때문입니다.

아이도 밥을 많이 먹고 싶지만 밥맛이 없어서 맛있게 먹을 수가 없습니다. 일찍 자고 싶지만 해야 할 공부와 숙제가 아직 남았고, 운동을 하고 싶지만 딱히 하고 싶은 운동이 없고 재미도 없지요. 책을 많이 읽고 공부도 열심히 하고 싶지만, 어떻게 해야 재미있게 책을 읽고, 열심히 공부할 수 있는지 그 방법을 모릅니다. 이 방법을 구체적으로 찾아주는 것이 부모의 역할입니다. 지금 이 책을 읽는 이유도 우리 아이가 책을 잘 읽을 수 있는 방법을 찾기 위해서인 것처럼 말이지요. 아이들이 끔찍하게 쓰기 싫어하는 독서록 역시 방법을 달리 알려주면 편하게 마음껏 쓸 수 있습니다.

키보드 독서록은 지우고 쓰기 쉽다

'키보드 독서록'은 컴퓨터로 독서록을 타이핑한 다음, 완성된 글을 공책에 옮겨 적는 방법입니다. 키보드 독서록은 생각나는 대로 마음껏 쓸 수 있고, 자유롭게 고쳐 쓰기가 가능합니다. 그래서 연필 독서록을 쓸 때보다 더욱 수준 높고 분량이 늘어난 독서록을 쓸 수 있지요. 특히 초등 3~6학년은 1~2학년 때보다 글밥이 더 많고 난이도 있는 책을 읽는 만큼 독서록의 수준 역시 올라가는데, 연필 독서록으로는 고쳐쓰기가 힘들고 번거로워서 단번에 글쓰기가 향상되는 것을 기대하기 어렵습니다.

독서록은 받아쓰기처럼 단순히 문장을 옮겨 쓰는 것이 아니라, 책을 읽고 난 후, 자기만의 소감을 적는 것이기 때문에 쓰고 지우고 다시 쓰면서 완성해야 합니다. 그래서 글을 쓰는 도중에 고쳐쓰기를 반복하는 것은 필수입니다. 성인인 저 역시 초등학생들이 연필 독서록을 쓰는 것처럼 북리뷰를 써야 했다면 수없이 고쳐 써야 하는 번거로움 때문에 지금처럼 2,000편이 넘는 글을 남기지 못했을 것입니다.

그렇다고 연필 독서록을 그만두라는 이야기는 아닙니다. 오히려 그 반대입니다. 키보드 독서록을 시작하면 연필 독서록을 더 잘 쓸 수 있게 됩니다. 연필을 쥐고 공책에 글을 쓰는 것은 초등학생들에게는 무척 중요한 학습 과정입니다. 연필을 쥐고 글을 쓰는 동안 손가락 소근육이 발달되고, 주의력이 높아지며 사고력이 커집니다. 따라서 연필 독서록은 글을 쓸 내용이 적은 초등 1~2학년에는 특히 중요하지만, 초등 3~6학년이 더 깊은 사고를 요구하는 장문의 글쓰기를 할 때는 무리가 따릅니다. 그렇다면 초등 3~6학년들이 숙제로 제출하는 연필 독서록은 어떻게 써야 할까요?

키보드 독서록은 책 3번 읽는 효과가 있다

먼저 키보드 독서록으로 쉽고 편하게 타이핑하여 글쓰기를 완성합니다. 그후 완성된 글을 보면서 독서록 공책에 연필로 옮겨 적으면 됩니다. 키보드 독서록을 이용하면 연필 독서록으로만 글을 쓸 때보다 훨씬 수준 높고 많은 분량의 글을 쓸 수 있습니다. 이때 독서록 분량이 많아졌다고 걱정하지 않아도 됩니다. 이미 완성된 자신의 글을 옮겨 적기만 하면 되기 때문에 생각보다 시간이 오래 걸리지 않습니다. 또한 키보드 독서록을 쓸 때 다음과 같은 장점이 있습니다.

키보드 독서록의 장점

1. 책을 읽고 독서록을 두 번 쓰는 셈이 되므로 세 번 읽은 효과를 얻을 수 있고, 읽은 책에 대한 내용을 더 잘 기억할 수 있습니다.

2. 키보드 독서록은 수정이 쉬워서 독서록을 쓰기가 훨씬 편하고 갈수록 한글타자 실력이 늘어납니다.

3. 연필 독서록을 쓸 때 키보드 독서록을 보고 옮겨 적기만 하면 되니 부담없이 글을 쓸 수 있어서 자연스럽게 필체도 좋

아집니다.

4. 독서록 작성의 부담이 줄어드는 만큼, 책을 읽는 부담도 줄어서 결과적으로 더 많은 책을 읽습니다.

키보드 독서록을 쓸 때는 '한글 프로그램'을 추천합니다. 한글 프로그램은 최신 한글 문법과 맞춤법을 탑재하고 있어서 띄어쓰기나, 맞춤법 등 오류가 생기면 글자 아래에 빨간색 줄이 떠서 수정이 필요한 글자라고 표시해줍니다. 따라서 아이가 혼자 글을 쓰다가, 혹은 글을 완성한 후 빨간색 줄만 찾아서 바르게 수정하면 되기 때문에 스스로 띄어쓰기와 맞춤법, 한글 문법 교정이 가능합니다. 작가인 저 역시 지금 이 글을 쓸 때 한글 프로그램을 사용해서 글을 쓰고 있습니다. 글을 쓰다가 틀리면 언제든 고칠 수 있고, 심지어 단락을 들어냈다가 다른 곳에 붙이면서 편하게 글쓰기를 하고 있지요.

"어차피 연필 독서록을 쓸 거라면 키보드 독서록 때문에 중간 과정이 더 늘어나서 힘들어하지 않을까요?"라고 질문할 것도 같습니다. 하지만 디지털 세대인 요즘 아이들은 컴퓨터를 가지고 작업하기를 좋아합니다. 태어날 때부터 컴퓨터와 스마트폰이 존재했고, 그 어느 세대보다 컴퓨터와 스마트폰이 익숙한 세대이기 때문입니다. 키보드로 자판을 익히고 컴퓨터에 글을 쓰게 하면 아이들은 새로운 방식을 좋아할 것입니다. 한마디로 지겨운 독서록 쓰기가 재미있는 독서록 쓰기로 바뀔 수 있습니다.

키보드 독서록으로 '컴퓨터 수업'이 수월해진다

키보드 독서록을 쓰려면 자판을 먼저 익혀야 합니다. 하지만 초등 3학년 때부터 학교에서 '컴퓨터 수업'을 과목으로 지정해서 졸업할 때까지 매주 한글 프로그램은 물론, 엑셀, 파워포인트까지 배우고 있는 만큼 컴퓨터 작업도 익숙해져야 합니다. 키보드 독서록은 아이의 컴퓨터 활용도를 높이는 효과를 줍니다. 초등 1~2학년이라면 일종의 선행 학습으로 초등 2학년 겨울 방학 즈음에 학업을 위해 자판을 외우는 것을 추천합니다. 부모 세대에도 애용했던 '한컴 타자'로 자판을 익히면 보다 쉽고 재미있게 외울 수 있습니다.

특히 초등 3~6학년들은 지난 3년 동안 코로나 팬데믹으로 주로 온라인 수업을 했기 때문에 컴퓨터, 노트북, 태블릿 PC 등 각종 정보화 기기를 잘 다루고 있어서 이미 자판을 외웠거나 생각보다 수월하게 자판을 외울 것입니다. 한컴 타자에서는 게임 형식으로 단어나 문장을 익힐 수 있도록 구성하고 있어서 아이들이 더 쉽고 빠르게 실력을 키울 수 있습니다.

혹시라도 '어린아이에게 컴퓨터를 가르치면 게임만 하는 거 아닌가?' 하는 우려가 생길 수도 있습니다. 하지만 그런 부작용을 우려한다면 아이 손에 든 스마트폰을 먼저 걱정해야 합니다. 저는 아이의 컴퓨터를 주로 공부하는 장소인 거실 한구석에 마련해뒀습니다. 그래서 아이가 컴퓨터를 사용하면 부모가 모니터링을 할 수 있습니다. 물론 아이도 한컴 타자로 자판을 외우고 한글 프로그램으로 독서록을 쓰는 것뿐만 아니라 유튜브도 보고, 게임도 합니다. '기왕 할 거라면 스마트폰이나 태블릿처럼 작은 모니터를 들여다보는 것이 아니라 커다란 모니터를 보면서 놀아라' 하는 마음으로 지켜보고 있습니다.

키보드 독서록 잘 쓰는 방법

1. 아이가 선택한 책을 읽습니다. 아이는 일주일에 평균 한 권씩(150~250쪽 분량) 책을 읽습니다. 책을 읽는 장소

는 주로 서재처럼 꾸며진 거실의 테이블입니다. 아이가 읽는 책은 재미있고 유익하다고 소문난 책, 내로라하는 작가들의 잘 알려진 고전, 아이가 읽고 싶어하는 책들 중에서 엄선한 후 구입한 것 중에서 지금 읽고 싶은 책으로, 아이 스스로 선택하게 합니다. 저는 아이가 본격적으로 독서록 쓰기를 시작한 초등 2학년 1학기부터 이 방법을 실천하고 있습니다(부록 '학년별 추천도서 50' 참고).

2. 책을 읽고 대화합니다. 책은 주로 토요일에 절반, 일요일에 절반씩 분량을 나누어 읽습니다. 흥미롭거나 재미있는 책을 만나면 당일 완독을 하기도 합니다. 책을 다 읽으면 저녁 식사 후 저와 읽은 책에 대해 10분가량 이야기를 나눕니다. 보통 "어떤 책을 읽었니?"라는 질문을 시작으로 아이에게 책을 소개하듯 알려달라고 합니다. 제가 아이에게 던지는 질문은 이렇습니다.

질문 이번에는 어떤 책을 읽었니?

효과 자신이 읽은 책을 한두 문장으로 요약하는 능력을 길러줍니다.

질문 저자는 누구이고 어떤 사람이니?

효과 저자를 기억하는 것은 책 제목을 기억하는 것만큼 중요합니다. 저자가 쓴 다른 작품을 찾아 읽는 계기도 됩니다.

질문 책에 등장하는 인물들은 누구야?

효과 등장인물을 기억하면 전체적인 스토리를 기억하는 데 큰 도움이 됩니다.

질문 책을 읽으면서 가장 인상적인 부분은 어디였어?

효과 아이의 생각이 본격적으로 드러나는 질문입니다.

질문 책을 읽고 나서 어떤 생각이 들었니?

효과 책을 읽은 후 생각의 변화를 알 수 있는 질문입니다.

이 같은 질문들은 아이가 과연 책을 잘 읽었는지 점검하는 의도가 아니라 아이가 독서록을 쓰기 전에 읽은 책을 스스로 머릿속으로 정리하는 데 목적이 있습니다. 그렇기 때문에 자세하게 묻지 않아도 됩니다. 마찬가지로 질문에 아이가 어떤 식으로 대답을 하든 한결같이 "네가 그렇게 읽었구나, 재미있었겠다" 하고 공감하는 정도로 반응하면 충분합니다.

아이가 읽은 책은 아이와 대화하기 전에 부모가 먼저 읽어보는 것이 좋습니다. 내용을 훑어보거나 인터넷 서점을 활용하는 방법을 이용하면 됩니다. 아이가 읽은 책을 미리 살폈다면, 아이의 대답에 호응을 해주기가 한결 수월합니다. 나아가 "나도 읽어봤는데, 주인공의 이런 점들이 좋더라" 하고 짧게라도 언급을 하면 좋습니다. 부모의 반응을 보면서 아이는 엄마 아빠가 자신과 함께 책을 읽었다는 동질감을 느끼며 대화가 진전됩니다.

대화가 끝나면 아이가 책을 읽으면서 만났던 생소한 단어나 표현 등 궁금했던 점이 있었는지 묻고 함께 온라인에서 검색을 하며 답을 찾아보는 것도 좋습니다. 이 시간이 지나면 아이가 독서록을 쓸 준비가 된 것입니다.

3. 키보드 독서록을 씁니다. 부모와 이야기가 끝나면 아이는 거실에 놓인 컴퓨터를 켜고 한글 프로그램을 실행한 다음 키보드 독서록을 작성합니다. 아이는 쓰다가 지우고, 덜어내고 덧붙이고 하는 작업을 반복하여 제법 오랫동안 글을 씁니다. 아이가 혼자서 글을 완성할 때까지 참견하지 않고 저는 책을 읽거나 다른 일을 합니다.

4. 글을 고쳐 씁니다. 아이가 글쓰기를 마쳤다고 하면 자신이 쓴 글을 한번 읽어보라고 합니다. 글을 쓸 때는 몰랐는데, 소리 내어 직접 읽어보면 어색하거나 틀린 문장이 꼭 한두 군데 발견되곤 합니다. 글을 읽다가 멈칫거리는 곳이 생기면 대부분 고쳐야 할 부분입니다. 아이는 글을 읽으면서 문장이 매끄러워질 때까지 고쳐 쓰기를 반복합니다.

5. 아이가 수정까지 마쳤다고 하면, 그제야 제가 읽어봅니다. 그리고 "아주 잘 썼다. 이런 부분이 좋고, 저렇게 표현한 부분도 좋구나. 점점 더 글쓰기가 늘어나는구나. 멋지다!"라는 식으로 아이를 칭찬해줍니다. 키보드 독서록을 마친 아이는 독서록 공책을 펴고 모니터에 뜬 자신의 글을 보고 옮겨 쓰면서 연필 독서록을 작성합니다. 독서록의 길이에 따라 차이가 있지만 연필 독서록을 마치는 데 평균 20분 정도 걸립니다.

이처럼 키보드 독서록 쓰기를 하면 아이의 글쓰기 실력이 느는 것은 물론 타자 실력까지 좋아집니다. 연필 독서록만 쓸 때처럼 뭘 쓸까 고민하랴, 맞춤법 고민하랴, 글씨 쓰랴 신경 쓰지 않고 자신이 쓴 글을 베껴 쓰기만 하면 되니까 독서록 분량도 늘고, 글씨도 예뻐집니다.

키보드 독서록은 처음에는 쉽지 않고 극적인 변화도 없을 것입니다. 하지만 책 읽기와 마찬가지로 독서록 또한 하루이틀 하는 것이 아니기 때문에 아이 스스로 글을 쓰는 습관이 들 때까지 지켜봐주세요. 그러면 나중에는 혼자 알아서 책을 골라 읽고, 독서록을 쓰고 살펴봐달라고 하는 날도 찾아옵니다. 이것이 바로 '자기 주도 학습'입니다.

독서현상학 권위자이자 《그곳에 책이 었었다》의 저자인 앤드루 파이퍼(Andrew Piper)는 이렇게 말했습니다. "좋든 싫든 이제 책과 스크린은 한데 묶여 있다. 이 얽히고설킨 관계 속을 인내심 있게 헤쳐나가는 작업을 통해서만 우리는 새로운 기술들이 우리의 독서 방식을 어떻게 바꿀지 혹은 바꾸지 않을지 이해할 수 있을 것이다."

디지털 세대인 우리 아이들은 디지털 시대에 어울리는 방식으로 교육해야 잘 따라옵니다.

◆ Check point! ◆

키보드 독서록을 하면 더욱 쉽고 편하게 독서록을 쓸 수 있어요.

타자 연습이 진정한
선행학습이다

타자 연습은 기본이다

얼마 전, 학부모 공개 수업을 참석해보니 수업 중에 일명 '독수리 타법'으로 타자하는 친구들이 의외로 많았습니다. 요즘 아이들이 늘 지니고 다니는 스마트폰과 태블릿과 달리, 컴퓨터에는 아직 익숙하지 않은 탓입니다.

컴퓨터와 친해질 수 있는 방법은 여러 가지가 있지만 가장 쉬운 방법은 바로 타자 연습을 통해 자판을 외우는 것입니다. 부모 세대도 경험했듯이 컴퓨터 타자에 익숙하지 않으면 필요한 글자를 일일이 찾아서 손가락 몇 개로 하나씩 눌러야 합니다. 이런 식으로 작업을 하면 속도도 많이 느릴 뿐더러, 제대로 타자를 칠 수 없어서 작업 시간이 늘어날 수밖에 없습니다. 그래서 초등학생들이 컴퓨터를 배워야 한다면 가장 먼저 자판을 외우는 것을 추천합니다.

자판은 눈으로 보고 외우는 것이 아니라 손으로 익혀야 하기 때문에 꾸준한 연습이 필요합니다. 하지만 초등학생 때는 집중하는 시간이 길지 않아서 자판 외우기를 힘들어할 수 있습니다. 일정 부분을 하루에 20~30분 정도 짧고 반복적으로 연습하는 것이 더욱 효과적입니다. 아이들이 스마트폰을 할 때처럼 익숙해지려면 최소 200~300타 정도가 될 만큼 타자 속도를 올려야 하는데, 여름 방학과 겨울 방학 동안 매일 꾸준히 연습하면 방학이 마무리될 때즈음 완성할 수 있습니다. 한컴 타자는 설치가 따로 필요 없어 어디서나 연습을 할 수 있다는 장점이 있고, 기초적인 자리 연습부터 다양한 게임으로 자판을 외울 수 있어서 초등학생들도 쉽고 재미있게 타자를 익힐 수 있습니다.

한컴 타자는 자판 위에서 움직이는 손을 따라 연습하는

기초 단계(총 8단계)부터 자판 외우기를 시작하며, 시간을 갖고 천천히 연습하다 보면 점차 속도도 빨라지고 익숙하게 자판을 누르는 단계에 이를 수 있습니다. 자판의 기본 자리를 익힌 후에는 짧은 낱말 연습을 합니다. 낱말 연습은 기본적인 자리 연습의 학습 진도에 맞춰 낱말들이 등장해서 보다 집중해서 연습할 수 있습니다. 기본 자판과 낱말을 익혔다면 짧은 글과 긴 글을 통해 본격적으로 문장을 연습하는 단계에 이릅니다. 이 단계부터는 다양한 자리의 자판을 익힐 수 있습니다. 한컴 타자로 자판을 외우면 단계마다 기본적인 문장의 정확도와 오타수까지 확인할 수 있어서 자신이 부족한 부분을 한눈에 파악할 수 있습니다.

타자 연습으로 독서의 질이 달라진다

3학년이 되기 전에 자판을 외운다면 한결 쉽고 편하게 컴퓨터 수업을 들을 수 있습니다. 또한 독서록이나 일기 같은 장문의 글짓기도 연필로 쓰다 지우며 다시 고쳐 쓰는 수고를 들이지 않고도 온라인에서 자유롭게 쓸 수 있습니다. 글짓기를 숙제로 제출해야 한다면 컴퓨터에서 완성된 자신의 글을 보면서 공책에 옮겨 쓰기만 하면 되니 글짓기의 수

고로움을 한층 덜어낼 수 있는 것이지요. 아이의 손가락 길이가 자판을 커버할 수 있을 정도가 된다면 초등 1~2학년이라도 익히는 것이 좋습니다. 특히 컴퓨터 자판은 피아노를 배우는 학생들에게 유리합니다. 피아노는 소근육 발달에 도움이 되기 때문입니다.

자판 외우기의 가장 좋은 선생님은 부모입니다. 아이가 처음 자판을 접할 때에는 엄마 아빠가 시범을 보이고, 아이가 자판에 익숙해지면 경쟁자로서 함께 게임을 하면서 경합을 나누면 훨씬 재미있게 자판 연습을 할 수 있습니다. 가족이 함께 연습하며 더 친숙해지도록 돕는 것이지요.

제 아이는 2학년 겨울 방학 때 처음으로 자판 외우기를 시작했습니다. 따로 학원을 다닐 필요 없이 학교에서 컴퓨터 수업을 듣게 하려는 목적이었습니다. 아이는 매일 하루에 20~30분 정도 꾸준히 연습했습니다. 물론 주말이나 여행 중에는 연습하지 못하기도 했지만, 방학을 마칠 때즈음 기본 자리 외우기를 끝냈습니다.

도중에 아이가 자판 외우기가 지겹다며 버티기도 했지만 평소 갖고 싶어하던 민트색 키보드를 사줬더니 그 키보드를 만지는 맛에 자판 연습을 계속했습니다. 부모들도 자판 기본 자리 외우기가 결코 만만치 않은데, 아이들이야 오죽할까요? 하지만 넘지 못할 것만 같은 높은 산도 발 편한 등산화와 등산 스틱을 새로 바꾸면 거뜬히 오를 것만 같은 마음이 드는 법입니다.

타자 연습은 학교 수업의 든든한 지원군이다

아이가 싫어한다고 "그만둘까?" 물어볼 것이 아니라 왜 싫은지, 무엇이 마음에 들지 않거나 불편한지 원인을 찾으면 의외로 쉬운 해결책을 찾을 수 있습니다. 저희 아이도 기본 자리를 배울 때는 지루해하더니 낱말 연습을 시작하면서 흥미를 갖기 시작했습니다. 정확도와 속도를 겨루는 게임을 하면서부터 속도도 빨라지고 실력도 부쩍 늘어났습니다.

키보드에 익숙해질 무렵부터 아이는 키보드 독서록 쓰기를 시작했는데, 내용과 분량이 전보다 훨씬 더 풍성해졌습니다. 무엇보다 공책에 연필로 글짓기를 할 때는 '글을 많이 써서 손가락이 아프다' '잘못 쓴 글을 지우고 다시 쓰기가 너무 귀찮다' 등 불만투성이였습니다. 하지만 키보드 독서록을 시작하면서 마치 게임을 하듯 몰입하며 쓰는 모습이 무척 흥미로웠습니다. 키보드 독서록을 완성한 뒤 공책에 옮겨 적을 때도 글씨가 한결 고르고 예뻐졌지요.

아이가 초등 3학년 여름 방학 동안 썼던 독서록을 두어 개만 들여다봐도 변화가 뚜렷하게 보였습니다. 연필 독서록만 썼을 때와 키보드 독서록으로 먼저 작업한 후 연필 독서록을 썼을 때를 비교해보면 2주 남짓한 짧은 기간 동안 글짓기 실력이 무척이나 향상된 것을 한눈에 볼 수 있었습니다. 심지어 키보드 독서록은 격자 공책에는 다 적지도 못할 만큼 분량이 길어서 무제 공책에 옮겨 써야 할 정도였습니다. 이후 아이는 독서록을 무제 공책에 쓰기로 했지요.

컴퓨터 자판 외우기는 학교에서 배우는 컴퓨터 수업은 물론, 일기, 독서록, 수행평가 등 거의 모든 글짓기 작업의 든든한 지원군이 됩니다. 나아가 아이들이 온라인에서 펼치는 모든 소통을 무리 없이 소화해내기 위한 기본 능력이 됩니다. 선행 학습이 유행이라고 하지만, 컴퓨터 자판을 외우는 것이야말로 선행 학습이 필요한 기술이 아닐까요?

◆ Check point! ◆
타자 연습은 디지털 세대의 글짓기를 위한
든든한 지원군입니다

독서 활동 기록은
온라인 서재로

독서록의 수준은 쓸수록 높아진다

부모의 눈에 아이가 처음 쓴 독서록은 완성도가 떨어져 보일 수 있습니다. 하지만 아이가 책을 읽고 자기 생각과 느낌을 직접 글로 쓰고 있다는 사실에 주목해야 합니다. 수준 높은 책 읽기라는 목표로 가기까지 분명히 단계가 있고, 그 단계를 넘어가는 데 많은 시간이 필요합니다.

아이가 쓰는 글의 완성도는 책을 읽으면 읽을수록 높아

집니다. 여러 책을 통해 좋은 글과 표현을 자연스럽게 배우게 됩니다. 그러면서 어휘력과 문해력이 향상되고 독서록 또한 점점 개선되어 완성도가 높은 글이 됩니다. 초등 자녀의 독서에서 중요한 것은 무엇보다 '습관'입니다. 마치 아침에 일어나면 양치를 하고 세수하는 것처럼 독서가 아이의 일상이 되어야 합니다.

스스로 책을 찾아 읽는 것도 습관이 되어야 하고, 책을 다 읽고 난 후 자연스럽게 독서록을 쓰는 것도 습관이 되어야 합니다. 하지만 아이가 책 읽기를 '교육'으로 느끼면 하기 싫은 공부가 되고 의무가 됩니다. 책 읽기를 차라리 '놀이'로 여기고 즐길 수 있도록 도와주고 지켜준다면, 그래서 아이가 책 읽고 독서록을 쓰는 것을 습관처럼 반복할 정도가 된다면, 중고등학교에 진학해서 보다 수준 높은 독서와 글짓기를 요구받더라도 능력을 발휘할 수 있습니다.

하나의 행동을 습관화하는 데 평균 66일이 걸린다는 연구가 있습니다. 사람마다 개인차가 있을 수 있지만 최소한 50편 이상 꾸준히 키보드 독서록을 쓴다면, 독서록 습관이 만들어졌다고 볼 수 있습니다. 그 이후에 책과 독서록의 수준에 대해 고민해도 늦지 않습니다.

키보드 독서록 모아 온라인 서재 만들기

키보드 독서록을 쓰면 두 가지의 결과물을 얻습니다. 하나는 공책에 쓴 연필 독서록이고, 나머지 하나는 한글 프로그램에 쓴 키보드 독서록입니다. 그중 키보드 독서록을 훌륭한 독서 활동으로 남기는 방법이 있습니다. 바로 온라인 서재를 이용하는 것입니다.

온라인 서재의 활용

온라인 서재는 말 그대로 '자신이 읽은 책과 독서록을 보관하는 온라인상의 공간'입니다. 온라인 서재를 만드는 방법은 간단합니다. 예스24, 알라딘과 같은 온라인 서점에는 회원들이 쉽게 이용할 수 있는 개인 온라인 서재가 마련되어 있습니다. 부모나 아이의 이름으로 온라인 서점에 가입한 후 이런 공간을 이용하면 편하게 독서록을 만들 수 있습니다. 여기에 아이가 지금껏 읽은 책과 독서록 등을 꾸준히 업로드하면 나중에 훌륭한 독서 기록 저장소로 남을 수 있지요.

저는 아이가 자판을 외우는 시점부터 아이의 독서록을 온라인 서재에 올리기 시작했습니다. 온라인 서점에 있는 제 블로그에 아이의 독서록을 위한 별도의 카테고리를 마련해두고 학년마다 읽은 책의 독서록을 저장하고 있는데, 지금은 다섯 번째 카테고리에 '초5 녀석의 리뷰'라는 이름으로 저장하고 있습니다. 아이가 온라인 서재에 독서록을 쓰는 순서는 다음과 같습니다.

온라인 서재 키보드 독서록 쓰는 법

1. 책을 읽고 책에 대해 짧은 대화를 나눕니다.

2. 생각을 정리해 한글 프로그램에 키보드 독서록을 씁니다.

3. 키보드 독서록 완성 후, 연필 독서록에 옮겨 적습니다.

4. 읽은 책과 연필 독서록의 사진을 찍어둡니다.

5. 한글 프로그램에 기록한 키보드 독서록을 복사해서 온라인 서재에 붙여넣고, 읽은 책과 연필 독서록 사진을 첨부합니다.

앞서 아이를 위한 서재를 꾸며보기를 추천한 바 있습니다. 아이도 책꽂이에 하나둘 늘어나는 책을 보면서 '내가 책을 이만큼 읽었구나' 하는 만족감을 느낄 수 있고, 이는 쉽게 얻을 수 없는 뿌듯함입니다. 이런 뿌듯함은 온라인 서재에서도 느낄 수 있습니다. 책을 대출해서 읽는 경우 가장 아쉬운 점은 되돌려줘야 한다는 것이지요. 하지만 책을 도서관이나 학교에서 대출받아 읽었다고 해도, 사진을 찍어서 온라인 서재에 남겨둔다면 책을 반납한 후에도 책 사진과 독서록을 고스란히 보존할 수 있습니다. 온라인 서재를 만들기 이전에 작성한 독서록들도 사진을 찍어 온라인 서재에 남겨두면 훌륭한 독서 기록이 됩니다.

초등 4학년
키보드 독서록의 예

온라인 서재는 아이가 4학년이 될 때 빛을 발합니다. 막 한글을 배운 초등 1~2학년 학생들이 쓰는 독서록은 아직 책 제목과 책 속 한 문장 정도를 따라 쓰는 독서 기록장 수준입니다. 글을 쓰는 것도 힘든 아이들에게 독서록을 권하는 것은 독서록을 마치 '오늘 어떤 책을 읽었다'고 기록하는 일기처럼, 혹은 여행지의 스탬프 찍기처럼 기억에 남기기 위해서입니다. 초등 1~2학년의 독서록은 '무슨 책이든 다 읽었으면 뭐라도 써야 한다'는 일종의 루틴을 심어주기만 해도 목적은 달성하는 셈입니다. 어렵지 않고 분량도 적어서 이 시기의 아이들은 독서록 쓰기 습관을 잘 지키는 편입니다.

하지만 초등 5~6학년이 되면 초등 1~2학년 때 길러진 습관 덕분에 여전히 책을 읽고 독서록을 잘 쓰는 부류와 그렇지 않은 부류로 나뉘게 됩니다. 특히 아이가 초등 4학년이 되면 '독서 슬럼프'가 찾아옵니다. 일종의 매너리즘이라고 할 수 있는데, 이때가 되면 아이들은 어김없이 선생님이나 부모에게 따지듯 이렇게 묻습니다.

"책 읽을 시간도 부족한데 독서록을 쓸 시간이 있나요?"

"독서록하고 국어 실력하고 무슨 상관이에요?"

이런 불만을 한마디로 요약하면 '독서록을 쓰는 이유를 모르겠다'는 것입니다. 하지만 온라인 서재를 운영하면 그런 말을 할 수 없습니다. 온라인 서재는 그 자체로 개인적 역사성을 갖게 됩니다. 아이가 그동안 읽어온 책을 확인할 수 있고, 글쓰기 실력이 발전하는 모습도 한눈에 살펴볼 수 있습니다. 미숙하기 짝이 없던 초등 1~2학년 때의 독서록이, 초등 3~4학년이 되면서 점점 내용도 좋아지고 분량도 늘어나지요. 아이가 읽는 책의 수준이 점점 높아지는 것도 단번에 파악할 수 있습니다.

온라인 서재는 대학 진학의 스펙이 된다

요즘은 그 어느 때보다 창의성을 요구하는 시대입니다.

또한 개인은 스스로 '미디어'가 되어 자신의 생각과 느낌, 그리고 아이디어를 온 세상에 자유롭게 드러낼 수 있습니다. 각종 시험에서 논술과 서술이 점점 늘어나는 이유도 그 때문입니다. 이러한 요구에 부응하려면 책 읽기와 글쓰기가 일상화되어야 하는데, 아이들에게 독서록은 최적의 글쓰기 도구입니다. 그 점에서 온라인 서재는 여러모로 아이에게 유익한 공간이 됩니다.

또한 온라인 서재는 고등학교와 대학교 진학 과정에서 훌륭한 독서 활동 스펙이 될 수 있습니다. 아이가 지금껏 읽은 모든 책에 대한 기록들이 담겨 있기 때문입니다. 미취학 아동·초등 1~2학년 아이라면 아이가 직접 꾸밀 때까지 부모가 함께 도와주세요. 온라인 서재를 갖고 꾸준히 관리하기만 한다면 아이의 독서 활동은 완벽해집니다.

◆ Check point! ◆
키보드 독서록을 모아 온라인 서재를 만들어주세요.
역사성을 갖춘 우리 아이의 훌륭한 스펙이 됩니다.

독서의 종착역은 분석하며 책 읽기

AI시대에 책 읽기는 점점 더 요구된다

인간이 그동안 해왔던 모든 일을 AI가 대신하는 시대가 점점 다가오고 있습니다. 앞으로 우리 인간은 굳이 하지 않아도 되는 일은 AI에게 맡기고, 인간만이 가능한 일을 하고 살 수 있는 시대가 오고 있는 것이지요.

그 말은 곧 AI 시대를 살아가야 할 우리 아이가 자신을 잘 알고 인간에 대해 이해하고 있어야 더욱 풍요롭고 행복한 미래를 누릴 수 있다는 뜻이기도 합입니다. 그렇기 때문에 인류가 생긴 이후 쌓이고 쌓인 모든 '사고(思考)의 집합체'인 책을 읽어야 합니다.

아이들은 책 읽기를 하면서 가정이라는 울타리 밖 세상을 인식하고 배웁니다. 책을 읽으며 인간이 누릴 수 있는 다양한 삶은 물론, 그 밖의 세상도 간접적으로나마 체험합니다. 그뿐 아닙니다. 아이들은 책을 읽으며 자신의 내면을 키웁니다. 책 갈피갈피를 가득 메우고 있는 깨알 같은 글자들을 통해 작가가 전하려는 메시지를 발견하고 이해합니다. 그러면서 작가가 책 속에 담은 모든 것을 자신의 것으로 새롭게 소화해냅니다.

책 읽기는 인간의 소통 능력을 돕고 언어력 발달에 큰 도움을 줍니다. 또한 스스로 인내하고 자제하고 절제하는 능력과 아울러 뜻한 바를 향해 나아갈 줄 아는 결정력과 용기 또한 책을 읽으면서 배우고 익힙니다. 이는 AI가 결코 대신할 수 없는 일입니다.

책 읽기는 정중동(靜中動), 즉 고요함 속에 앉아서 활동하는 일입니다. 책을 읽으면 읽을수록 주변 환경과 외부의 자극에 상관없이 나의 의지대로 몸과 마음을 다스릴 줄 아는 경지를 키웁니다. '나다운 나'라는 인간의 품성 역시 AI가 대신 만들어줄 수 없습니다. 책 한 권은 하나의 세상입니다. 아이들은 책을 읽을수록 더 많은 세상을 만나고 경험하면서 자기 것으로 만들어내어 마침내 깊은 통찰력, 즉 인사이트 (insight)를 얻게 됩니다. 이 인사이트를 갖는 것이야말로 단순히 세상에 흩어진 정보만 토해내는 AI가 할 수 없는 '인간만이 할 수 있는 일'입니다.

AI가 절대 대신할 수 없는 것

초등 1학년에서 6학년으로 점점 올라갈수록 아이가 들어야 할 수업은 점점 늘어나고 제출해야 하는 과제 역시 많아지며 높은 난이도를 요구합니다. 따라서 글쓰기는 학교에 가서 배우면 된다고, 혹은 학원에 가면 속성으로 배울 수 있다고 미뤄둔다면, 아이가 책 읽기와 글쓰기를 아예 배울 수 없거나 한참 뒤처질 수 있습니다.

좋은 글은 아이가 그동안 좋은 책을 얼마나 많이 읽고 생각했는지를 바탕으로 그 속에서 아이디어를 찾고 무엇을 쓸지, 그리고 어떻게 요약할지 결정하는 과정에서 태어납니다. 또한 글이란 생각나는 대로 토해내듯 일필휘지로 완성되는 것이 아닙니다. 자신이 하고 싶은 말을 온전히 표현해 냈다고 생각될 때까지 고치고 또 고쳐야 완성됩니다.

중요한 것은 시간입니다. 부모의 역할은 더 늦기 전에 아이가 책 읽는 재미를 하루라도 빨리 알 수 있도록 옆에서 도와주는 것입니다. 책 읽기 능력과 글쓰기 능력은 단번에 변하지 않습니다.

하지만 책을 한 권 읽을 때마다, 문장을 한 줄 쓸 때마다 틀림없이 조금씩 실력이 나아집니다. 꾸준히 책을 읽고 글을 쓰다 보면 언젠가부터 습관적으로 아이 스스로 자연스럽게 손을 뻗어 책을 읽고, 다 읽으면 책을 읽으면서 든 생각과 느낌을 말과 글로 할 수 있을 정도가 됩니다.

초등 1~4학년은 책 읽는 재미를 알고 습관을 들게 하는 첫 번째 단계라면, 초등 5~6학년은 책 읽는 습관을 통해 본격적으로 책 읽기와 글쓰기를 하는 두 번째 단계라고 할 수 있습니다.

독서 습관은 중고등학교까지 이어진다

내 아이가 두 번째 단계에 접어들 만큼 책 읽는 습관에 들었다면 중고등학교에 진학해서도 책을 꾸준히 읽을 가능성이 높습니다.

《국어 잘하는 아이가 이깁니다》의 저자 나민애 교수는 서울대생들에게 설문 조사를 한 결과, 상당수의 학생들이 초중고 시절 책을 꽤 많이 읽었고 책 읽기를 좋아했다고 대답했습니다. '서울대생 정도라면 당연한 결과 아니야?'라고 생각할 법하지만, 구체적인 설문 결과를 살펴보면 놀랍습니다.

설문에 참여한 서울대생 중 무려 69%가 '초등학교 때 책을 많이 읽었다'고 대답했습니다. 그리고 초등학교 때 책을 많이 읽은 이유에 대해 76%가 '재미있어서' '부모님 때문에' '환경적으로 도서관을 자주 가서'라고 답했습니다. 또한 책을 좋아한 이유로는 '부모님이 책을 많이 읽었다' '아이에게 책을 많이 읽어줬다' '책과 친해질 수 있는 환경을 만들어주었다'였다고 합니다.

서울대생들이 책을 많이 읽은 데는 부모의 영향이 지대했다는 것을 알 수 있습니다. 한마디로 초등 내 아이가 책 읽기를 바란다면, 가정에서 부모가 먼저 그럴 만한 환경을 만들어야 한다고 요약할 수 있습니다. 또 하나 흥미로운 사실은 많은 학생들이 초등학교뿐 아니라 중학교 시절에도 책 읽기를 이어갔으며, 이런 습관이 성적에 긍정적인 영향을 준다고 답한 비율이 무려 63%에 달한다는 점입니다.

서울대생이 될 만큼 우등생이라면 초등 5~6학년만 되도 책 읽을 시간이 없다고 하거나, 책은 나중에 읽고 공부나 하라고 부모가 말렸을 법한데, 예상과는 전혀 다른 대답이었습니다. 오히려 서울대생들은 '중학교 때 책을 많이 읽으면 성적에 큰 도움이 될 뿐 아니라, 이때가 책과 친해질 마지막 시간이라 놓쳐선 안 된다'고 말합니다. 평소 '입시 준비하느라 바쁜 중고등학교 때 대체 뭐가 이득이라고 책을 읽는 거지?' 생각할 수 있지만, 오히려 이들 중 27%가 고등학생이 된 이후 이른바 '내신 지옥'에 시달리면서도 손에서 책을 놓지 않았습니다.

그들은 이때 읽은 책들이 수능에 직접적인 도움이 되었다고 대답했습니다. 미뤄보건대 초중등 시절의 꾸준한 독서 습관 덕에 자연스럽게 바쁜 고등학교 시절에도 책 읽기가 가능했을 것입니다. 이런 학생들에게 책 읽는 시간은 휴식 시간이자 놀이가 아니었을까요? 저자 역시 "초중등 시절의 책 읽기는 학생들이 독서 달인이 되기 위한 마중물"이라고 하면서 이른바 '독서력'은 장기간에 걸쳐 기를 수밖에 없고, 그 초석은 어릴 때부터 쌓는 것이 확실히 유리하다며 이렇게 말합니다.

> 자전거 타는 법은 한 번 배워놓으면 이후 몸이 기억한다. 독서도 마찬가지다. 책 읽는 눈으로만 하는 것이 아니라 몸 전체의 감각을 써서, 훈련과 반복을 통해 이루어진다. 그렇게 오랜 시간을 투자해서 얻은 능력을 퇴화하게 두지 말고 계속 지키고 발전시키는 것은 아이의 학업 생활, 취업, 직장생활, 인생 계획에 상당히 긍정적인 영향을 미칠 것이다.
>
> – 나민애, 《국어 잘하는 아이가 이깁니다》 중에서

꼭 읽어야 할 책은 읽어야 한다

초등 5~6학년은 '책 잘 읽는 방법'을 내면화하는 시기입니다. 초등 1~4학년 동안 쌓아온 습관을 바탕으로 더 많은 책을 읽어내는 시간이지요. 이전까지 되도록 많은 책을 읽으며 지식과 정보를 얻는 데 치중했다면, 이 시기는 책을 읽으면서 작가의 생각을 자신에게 질문으로 던져야 합니다.

글쓴이가 책을 통해 무엇을 말하려 하는지 파악하고, 작가의 생각과 다른 점이 있다면 그 차이가 무엇인지 살피며

자신의 의견을 만들어내야 합니다. 이러한 책 읽기 방법은 분석력을 기르는 데 큰 도움을 줍니다. 아울러 수학과 과학처럼 수준이 높아진 학교 수업을 따라가는 데도 필요합니다. 책과 함께 해온 읽기와 쓰기 활동이 모든 학습의 기초가 된다고 강조한 이유가 여기에 있습니다.

초등 5~6학년에는 자신이 읽고 싶은 책만 읽는 것이 아니라, 이 시기에 꼭 읽어야 할 책도 읽을 줄 알아야 합니다. 초등 1~4학년 때까지 아이가 읽고 싶은 책을 찾아 읽으라고 하는 것은 책을 좋아하고 읽기를 습관화하기 위한 하나의 과정일 뿐, 계속 추구해야 하는 최선의 방법은 아닙니다.

이 시기를 통해 책을 좋아하고 즐기는 수준이 되었다면 그다음으로는 자신의 성향에 관계없이 '내 나이에 꼭 읽어야 하는 책'도 찾아 읽어야 합니다. 다양한 주제의 책을 읽으면서 내가 전혀 몰랐던 세상을 알게 되고, 관심사가 늘어갑니다. 바로 지평이 넓어지는 단계입니다. 생각하지도 못했던 소재의 책을 읽으면서 신선한 충격도 받습니다. 아이는 책을 통해 새로운 세상과 낯선 것에 대한 호의를 배웁니다.

이 과정을 소화하려면 읽는 방식을 바꿔야 합니다. '분석하는 책 읽기'가 되어야 합니다. 책을 읽고 나서 "나, 이 책 읽었다"고 이야기하는 게 아니라 "내가 이 책을 읽어보니 이러저러한 책이더라"라고 밝힐 수 있어야 합니다.

그러기 위해서는 책을 다소 거칠게 다루며 읽어야 합니다. 중요한 문장은 밑줄 치고, 새로운 단어나 멋진 표현을 만나면 그 부분에 동그라미를 칩니다. 책을 읽고 난 뒤 부모님과 대화를 하거나 키보드 독서록을 하기 전에 읽은 책을 다시 한 번 훑어볼 때 내가 표시하고 체크한 부분을 눈여겨보면 전체적인 내용을 한눈에 확인할 수 있습니다.

책을 접거나 밑줄 치는 것을 싫어한다면 포스트잇을 활용해도 좋습니다. 인상적인 구절이나 주제 문단, 새로 만난 단어 등이 등장한 쪽수를 따로 적어놓고 책 표지 안쪽에 붙여두었다가 필요할 때 살펴보는 방법도 추천합니다.

◆ **Check point!** ◆
초등 5~6학년의 책 읽는 습관은
중고등학생이 되어서도 꾸준히 책을 읽게 합니다.

아이는 오늘도 조금씩 자란다

책을 많이 읽는다고 무조건 공부를 잘하는 건 아닙니다. 책벌레라고 해서 모두 우등생이 되는 것은 아니니까요. 하지만 책을 많이 읽으면 문자와 친해지고 문해력이나 어휘력도 늘어나는 것은 틀림없는 사실입니다. 글을 읽는 속도나 이해하는 능력도 빨라집니다.

지금까지 이야기한 책을 잘 읽는 방법과 독서록을 잘 쓰는 방법을 활용한다면, 아이는 책 읽기와 독서록 쓰기에 대한 부담은 훨씬 줄고, 자기만의 즐거움을 찾을 수 있을 것이라고 확신합니다.

아이는 오늘도 조금씩 자라고 있습니다. 눈에 보이지 않을 만큼 아주 조금이지만 분명히 어제보다 조금 더 자랐고 내일도 더 자랄 것입니다. 아이가 자라는 만큼 아이의 가능성 역시 무궁무진해집니다. 그렇기 때문에 아이가 지금 책 읽기에 친하지 않더라도 실망하지 않길 바랍니다.

아이가 꾸준히 책과 만나다 보면 틀림없이 책을 즐겨 읽는 날이 찾아올 것입니다. 초조하고 불안하더라도 아이의 변화를 믿고 기다려주세요. 결국 아이는 부모의 믿음에 따라 변하게 될 것입니다.

학년별 추천도서 50

초등학생 아이들 사이에서 재미있다고 소문나서 너나 할 것 없이 읽은 유명한 책과 선생님 사이에서 아이들에게 유익하다고 정평이 나 있는 책을 모았습니다. 제 아무리 좋은 책이라도 아이가 흥미를 갖지 않는 책을 읽는다면 그때부터 독서는 '놀이'가 아니라 '일'이 된다는 것 잊지 마세요.

'학년별 추천도서'라고 해서 꼭 제 학년의 책만 고집해서 읽을 필요는 없습니다. 예를 들어 3학년 아이가 3학년 추천도서를 읽기 어려워하면 2학년 추천도서 중에서 읽고 난 뒤에 3학년 책을 읽으면 한결 읽기 쉬울 것입니다. 물론 3학년 책을 모두 읽었다면 4학년 책을 읽어도 되겠지요? 독서에 있어서 우열은 없습니다. 중요한 것은 내 아이가 무슨 책이든 재미있게 읽기만 하면 된다는 것입니다. 꾸준히 책을 읽는다면 누구든 나중에 훌륭한 독서가가 될 것입니다.

1학년

1 《간식을 먹으러 온 호랑이》, 주디스 커 지음, 보림

2 《강아지똥》, 권정생 지음, 길벗어린이

3 《거북이가 2000원》, 이와사키 쿄코 지음, 천개의바람

4 《겁보 만보》, 김유 지음, 책읽는곰

5 《고 녀석 맛있겠다》, 미야니시 타츠야 지음, 달리

6 《과학의 씨앗》 시리즈, 박정선 지음, 비룡소

7 《괴물들이 사는 나라》, 모리스 샌닥 지음, 시공주니어

8 《그 소문 들었어?》, 하야시 기린 지음, 천개의바람

9 《꿈을 찍는 사진관》, 홍선주 지음, 가교

10 《나도 예민할 거야》, 유은실 지음, 사계절

11 《나무집》 시리즈, 앤디 그리피스 지음, 시공주니어

12 《나쁜 어린이표》, 황선미 지음, 웅진주니어

13 《난 토마토 절대 안 먹어》, 로렌 차일드 지음, 국민서관

14 《내 모자야》, 임선영 지음, 창비

15 《너무너무 무서울 때 읽는 책》, 에밀리 젠킨스 지음, 창비

16 《네버랜드 자연학교》 시리즈, 김웅서 외 지음, 시공주니어

17 《달 샤베트》, 백희나 지음, 책읽는곰

18 《대단한 오줌싸개 대장》, 로버트 먼치 지음, 다산기획

19 《도서관에 간 사자》, 미셸 누드슨 지음, 웅진주니어

20 《랄프는 똑똑해》, 비벌리 클리어리 지음, 시공주니어

21 《마녀 위니》 시리즈, 밸러리 토머스 지음, 비룡소

22 《마술 연필》, 앤서니 브라운 지음, 웅진주니어

23 《멋지다 썩은 떡》, 송언 지음, 문학동네

24 《몰라쟁이 엄마》, 이태준 지음, 우리교육

25 《무지개 물고기》, 마르쿠스 피스터 지음, 시공주니어

26 《방귀 만세》, 후쿠다 이와오 지음, 아이세움

27 《방귀대장 조》, 캐슬린 크럴 외 지음, 다산기획

28 《변신돼지》, 박주혜 지음, 비룡소

29 《보리 나가신다》, 송명원 지음, 열린어린이

30 《블랙 독》, 레비 핀폴드 지음, 북스토리아이

31 《생각을 모으는 사람》, 모니카 페트 지음, 풀빛

32 《쓰레기통 요정》, 안녕달 지음, 책읽는곰

33 《아낌없이 주는 나무》, 셸 실버스타인 지음, 시공주니어

34 《아빠와 피자놀이》, 윌리엄 스타이그 지음, 비룡소

35 《안데르센 동화》, 안데르센 지음, 그린북

36 《알사탕》, 백희나 지음, 책읽는곰

37 《여우누이》, 김성민 지음, 사계절

38 《오싹오싹 당근》, 에런 레이놀즈 지음, 주니어RHK

39 《오줌이 찔끔》, 요시타케 신스케 지음, 스콜라

40 《으악 큰일났다》, 송승주 지음, 천개의바람

41 《이 고쳐 선생과 이빨투성이 괴물》, 롭 루이스 지음, 시공주니어

42 《이솝 이야기》, 이솝 지음, 어린이작가정신

43 《일기 쓰기 딱 좋은 날》, 정신 지음, 시공주니어

44 《종이 봉지 공주》, 로버트 문치 지음, 비룡소

45 《지니비니》 시리즈, 이소을 지음, 상상박스

46 《집 나온 생쥐 랄프》, 비벌리 클리어리 지음, 시공주니어

47 《짝꿍 바꿔 주세요》, 다케다 미호 지음, 웅진주니어

48 《축구왕 차공만》, 성완 지음, 비룡소

49 《하늘이 딱딱했대》, 신원미 지음, 천개의바람

50 《황소 아저씨》, 권정생 지음, 길벗어린이

2학년

1 《가방 들어주는 아이》, 고정욱 지음, 사계절

2 《거꾸로 말대꾸》, 류미정 지음, 잇츠북어린이

3 《귀신 선생님과 진짜 아이들》, 남동윤 지음, 사계절

4 《그 많던 고래는 어디로 갔을까》, 신정민 지음, 풀과바람

5 《깊은 밤 필통 안에서》, 길상효 지음, 비룡소

6 《꽝 없는 뽑기 기계》, 곽유진 지음, 비룡소

7 《나를 표현하는 열두 가지 감정》, 임성관 지음, 책속물고기

8 《닮은 듯 다른 교과서 속 우리말 1~2학년군》, 정유소영 지음, 시공주니어

9 《당나귀 실베스터와 요술 조약돌》, 윌리엄 스타이그 지음, 다산기획

10 《도서관에 가지 마, 절대로》, 이오인 콜퍼 지음, 국민서관

11 《두근두근 걱정 대장》, 우미옥 지음, 비룡소

12 《들키고 싶은 비밀》, 황선미 지음, 창비

13 《라모나는 아무도 못 말려》, 비벌리 클리어리 지음, 열린어린이

14 《라모나는 아빠를 사랑해》, 비벌리 클리어리 지음, 열린어린이

15 《로테와 루이제》, 에리히 캐스트너 지음, 시공주니어

16 《마당을 나온 암탉(애니메이션 그림책)》, 황선미 지음, 사계절

17 《마틸다》, 로알드 달 지음, 시공주니어

18 《머리에 이가 있대요》, 베아트리스 루에 지음, 비룡소

19 《뻥이오 뻥》, 김리리 지음, 문학동네어린이

20 《사내대장부》, 크리스티네 뇌스틀링거 지음, 비룡소

21 《상어》, 오웬 데이비 지음, 타임주니어

22 《쇠를 먹는 불가사리》, 정하섭 지음, 길벗어린이

23 《아니 방귀 뽕나무》, 김은영 지음, 사계절

24 《아디닭스 치킨집》, 박현숙 지음, 잇츠북어린이

25 《아이돌 스타 윌리엄》, 알랭 베르즈롱 지음, 시공주니어

26 《아홉 살 마음 사전》, 박성우 지음, 창비

27 《언제나 칭찬》, 류호선 지음, 사계절

28 《엄마 사용법》, 김성진 지음, 창비

29 《엄마가 사라진 날》, 고정욱 지음, 한솔수북

30 《엘 데포》, 시시 벨 지음, 밝은미래

31 《왜 띄어 써야 돼?》, 박규빈 지음, 길벗어린이

32 《이게 정말 나일까?》, 요시타케 신스케 지음, 주니어김영사

33 《이상한 열쇠고리》, 서현 지음, 창비

34 《일과 사람》 시리즈, 이혜란 외 지음, 사계절

35 《일기 감추는 날》, 황선미 지음, 이마주

36 《일기 쓰고 싶은 날》, 니시카타 타쿠시 지음, 천개의바람

37 《자신만만 생활책》 시리즈, 전미경 외 지음, 사계절

38 《잘한다 오광명》, 송언 지음, 문학동네

39 《전국 2위 이제나》, 윤미경 지음, 국민서관

40 《지하철을 타고서》, 고대영 지음, 길벗어린이

41 《책 먹는 여우》 시리즈, 프란치스카 비어만 지음, 주니어김영사

42 《천년손이와 사라진 구미호》, 김성효 지음, 한솔수북

43 《초등학생을 위한 맨 처음 어휘 맞춤법 띄어쓰기》, 김영주 지음, 휴먼
어린이

44 《최기봉을 찾아라》, 김선정 지음, 푸른책들

45 《추리 천재 엉덩이 탐정》 시리즈, 트롤 지음, 아이세움

46 《콩가면 선생님이 웃었다》, 윤여림 지음, 천개의바람

47 《토드 선장과 블랙 홀》, 제인 욜런 지음, 시공주니어

48 《튀김이 떡볶이에 빠진 날》, 최은옥 지음, 국민서관

49 《프란츠의 방학 이야기》, 크리스티네 뇌스틀링거 지음, 비룡소

50 《화해하기 보고서》, 심윤경 지음, 사계절

3학년

1 《게임파티》, 최은영 지음, 시공주니어

2 《그림책으로 만나는 우리의 세계유산》 시리즈, 최종덕 외 지음, 열린
어린이

3 《까만 콩에 염소똥 섞기》, 홍종의 지음, 국민서관

4 《꽃씨 할아버지 우장춘》, 정종목 지음, 창비

5 《나는 3학년 2반 7번 애벌레》, 김원아 지음, 창비

6 《내 맘처럼》, 최종득 지음, 열린어린이

7 《내 이름은 삐삐 롱스타킹》, 아스트리드 린드그렌 지음, 시공주니어

8 《늦게 피는 꽃》, 안녕달 지음, 책과콩나무

9 《담을 넘은 아이》, 김정민 지음, 비룡소

10 《도대체 공부가 뭐야?》, 윤영선 지음, 바람의아이들

11 《똥보 방정환 선생님 이야기》, 이재복 지음, 지식산업사

12 《라면을 먹으면 숲이 사라져》, 최원형 지음, 책읽는곰

13 《만복이네 떡집 시리즈》, 김리리 지음, 비룡소

14 《맛있는 짜장면의 역사》, 박남정 지음, 산하

15 《무어 사서 선생님과 어린이 도서관에 갈래요》, 잰 핀버러 지음, 다산
   기획

16 《발표왕 나가신다》, 서지원 지음, 키다리

17 《방귀 스티커》, 최은옥 지음, 푸른책들

18 《배꼽 전설》, 김명선 지음, 잇츠북어린이

19 《벼락맞은 리코더》, 류미정 지음, 잇츠북어린이

20 《보리타작 하는 날》, 윤기현 지음, 사계절

21 《빨강연필》, 신수현 지음, 비룡소

22 《사라진 축구공》, 최은옥 지음, 국민서관

23 《세상을 바꾼 위대한 책벌레들 1, 2》, 김문태 지음, 뜨인돌어린이

24 《수학천재 길수》, 지승룡 지음, 여우고개

25 《쉬는 시간 언제 오냐》, 전국초등학교국어교과모임 지음, 휴먼어린이

26 《스마일》, 레이나 텔게이마이어 지음, 보물창고

27 《썩은 모자와 까만 원숭이》, 윤혜정 지음, 미래아이

28 《씨스터즈》, 레이나 텔게마이어 지음, 돋을새김

29 《아낌없이 주는 나무》, 셸 실버스타인 지음, 시공주니어

30 《안녕 우주인》, 다카시나 마사노부 지음, 시공주니어

31 《알아맞혀 봐! 곤충 가면 놀이》, 안은영 지음, 천개의바람

32 《양파의 왕따 일기 1, 2》, 문선이 지음, 푸른놀이터

33 《어린이를 위한 바보 빅터》, 호아킴 데 포사다 지음, 한국경제신문사

34 《어이없는 놈》, 김개미 지음, 문학동네어린이

35 《우리 반 스파이》, 김대조 지음, 주니어김영사

36 《일기 먹는 일기장》, 송미경 지음, 사계절

37 《잔소리 붕어빵》, 최은옥 지음, 푸른책들

38 《잔소리 없는 날》, 안네마리 노르덴 지음, 보물창고

39 《잘 혼나는 기술》, 박현숙 지음, 잇츠북어린이

40 《잘못 뽑은 반장》, 이은재 지음, 주니어김영사

41 《장바구니는 왜 엄마를 울렸을까》, 석혜원 지음, 풀빛

42 《진짜 친구》, 샤넌 헤일 지음, 다산기획

43 《찰리와 초콜릿 공장》, 로알드 달 지음, 시공주니어

44 《초정리 편지》, 배유안 지음, 창비

45 《친구 만들기》, 줄리아 자만 지음, 아름다운사람들

46 《투덜이 빈스의 어느 특별한 날》, 제니퍼 홀름 지음, 다산기획

47 《평화는 어디서 오나요?》, 구드룬 파우제방 지음, 웅진주니어

48 《프린들 주세요》, 앤드루 클레먼츠 지음, 사계절

49 《하룻밤》, 이금이 지음, 사계절

50 《한밤중 달빛 식당》, 이분희 지음, 비룡소

4학년

1 《15소년 표류기》, 쥘 베른 지음, 삼성출판사

2 《5번 레인》, 은소홀 지음, 문학동네

3 《갈매기의 꿈》, 리처드 바크 지음, 나무옆의자

4 《개똥도 아끼다 자린고비 일기》, 정해왕 지음, 시공주니어

5 《교양 있는 우리아이를 위한 세계역사 이야기》 시리즈, 수잔 와이즈
바우어 지음, 꼬마이실

6 《그림으로 보는 거의 모든 것의 역사》, 빌 브라이슨 지음, 까치

7 《긴긴밤》, 루리 지음, 문학동네

8 《꼬불꼬불나라의 지리 이야기》, 서해경 지음, 풀빛미디어

9 《내 친구 꼬마 거인》, 로알드 달 지음, 시공주니어

10 《누가 맨 먼저 생각했을까?》, 이어령 지음, 푸른숲주니어

11 《단톡방 가족》, 제성은 지음, 마주별

12 《대한 독립 만세》, 홍은아 지음, 노란돼지

13 《도마뱀 구름의 꼬리가 사라질 때》, 문유운 지음, 사계절

14 《동물원은 왜 생겼을까?》, 김보숙 지음, 청년사

15 《둥글둥글 지구촌 인권 이야기》, 신재일 지음, 풀빛

16 《로빈슨 크루소》, 대니얼 디포 지음, 삼성출판사

17 《맑은 날엔 도서관에 가자》, 미도리카와 세이지 지음, 책과콩나무

18 《명탐정 티미》 시리즈, 스테판 파스티스 지음, 시공주니어

19 《모래요정과 다 섯아이들》, 에디스 네스빗 지음, 비룡소

20 《무서운 문제집》, 선시야 지음, 잇츠북어린이

21 《미키가 처음 번 50센트》, 에바 폴락 지음, 주니어김영사

22 《방방곡곡 우리 특산물》, 우리누리 지음, 주니어중앙

23 《법 만드는 아이들》, 옥효진 지음, 한경키즈

24 《별별수사대》, 하신하 지음, 시공주니어

25 《빅티처 김경일의 생각실험실》, 김경일, 마케마케 지음, 돌핀북

26 《빵이당 대 구워뜨》, 강효미 지음, 상상의집

27 《샬롯의 거미줄》, 엘윈 브룩스 화이트 지음, 시공주니어

28 《세계음식여행》, 박찬일 지음, 토토북

29 《세금 내는 아이들 1, 2》, 옥효진 지음, 한경키즈

30 《소나기》, 황순원 지음, 맑은소리

31 《수상한 아파트》, 박현숙 지음, 북멘토

32 《스튜어트 리틀》, 엘윈 브룩스 화이트 지음, 책빛

33 《아름다운 아이》, R. J. 팔라시오 지음, 책과콩나무

34 《아인슈타인과 과학천재들》, 김형근 지음, 중앙북스

35 《안중근》, 조정래 지음, 문학동네

36 《어린이를 위한 그릿》, 전지은 지음, 비즈니스북스

37 《어린이를 위한 우동 한 그릇》, 구리 료헤이 외 지음, 청조사

38 《어린이를 위한 인공지능》, 김대식, 이현서 지음, 동아시아사이언스

39 《엄순대의 막중한 임무》, 정연철 지음, 사계절

40 《열려라, 뇌!》, 임정은 지음, 창비

41 《우물 파는 아이들》, 린다 수 박 지음, 개암나무

42 《이렇게나 똑똑한 식물이라니!》, 김순한 지음, 토트북

43 《이솝우화로 읽는 경제 이야기》, 서명수 지음, 이케이북

44 《지혜의 보물창고 도서관의 역사》, 모린 사와 지음, 아카넷주니어

45 《채사장의 지대넓얕》 시리즈, 채사장, 마케마케 지음, 돌핀북

46 《초등 사자소학》, 송재환 지음, 위즈덤하우스

47 《최후의 늑대》, 멜빈 버지스 지음, 만만한책방

48 《평생도움 초등 독서법》, 사이토 다카시 지음, 위즈덤하우스

49 《호랑이야, 사자랑 싸우면 누가 이기니?》, 최종욱 지음, 아롬주니어

50 《홍당무》, 쥘 르나르 지음, 시공주니어

5학년

1 《10대들을 위한 나의 문화유산답사기》, 유홍준, 김경후 지음, 창비

2 《80일간의 세계일주》, 쥘 베른 지음, 시공주니어

3 《구덩이》, 루이스 새커 지음, 창비

4 《꽃들에게 희망을》, 트리나 폴러스 지음, 시공주니어

5 《나의 행복과 모두의 행복》, 서정욱 지음, 자음과모음

6 《내 이름은 직지》, 이규희 지음, 밝은미래

7 《내가 원래 뭐였는지 알아?》, 정유소영 지음, 창비

8 《달라도 괜찮아 우린 함께니까》, 김선욱 지음, 자음과모음

9 《마당을 나온 암탉》, 황선미 지음, 사계절

10 《무기 팔지 마세요》, 위기철 지음, 현북스

11 《박씨전》, 손연자 지음, 대교출판

12 《생명 – 생각이 크는 인문학 10》, 장성익 지음, 을파소

13 《생쥐 기사 데스페로》, 케이트 디카밀로 지음, 비룡소

14 《세상 모든 화가들의 그림 이야기》, 장세현 지음, 꿈소담이

15 《속담 속에 숨은 과학 1》, 정창훈 지음, 봄나무

16 《수학귀신》, 한스 마그누스 엔첸스베르거 지음, 비룡소

17 《시장과 가격 쫌 아는 10대》, 석혜원 지음, 풀빛

18 《심판》, 베르나르 베르베르 지음, 열린책들

19 《어린왕자》, 생텍쥐페리 지음, 인디고

20 《어린이를 위한 배려》, 한상복 지음, 위즈덤하우스

21 《어린이를 위한 유쾌한 세계 건축 여행》, 배운경 지음, 토토북

22 《엄마의 역사 편지 1, 2》, 박은봉 지음, 책과함께어린이

23 《열두 달 환경 달력》, 임정은 지음, 길벗스쿨

24 《열하일기》, 박지원 지음, 파란자전거

25 《예술에 대한 여덟 가지 답변의 역사》, 김진엽 지음, 우리학교

26 《오킹이 들려주는 빅뱅 우주 이야기》, 정완상 지음, 자음과모음

27 《옹고집전》, 조혜란 지음, 창비

28 《우리나라 구석구석 지도위 한국사》, 정일웅, 표정옥 지음, 이케이북

29 《우리들의 일그러진 영웅》, 이문열 지음, 다림

30 《월든》, 헨리 데이비드 소로 지음, 파란자전거

31 《이상한 나라의 앨리스》, 루이스 캐롤 지음, 비룡소

32 《임진록》, 김종광 지음, 창비

33 《잡아먹을 수 없는 것을 잡아먹기》, 아나톨리 긴 지음, 양철북

34 《장애를 넘어 인류애에 이른 헬렌켈러》, 권태선 지음, 창비

35 《재미있는 선거와 정치 이야기》, 조항록 지음, 가나출판사

36 《정글북》, 조지프 러디어드 키플링 지음, 비룡소

37 《조선, 무엇이든 법대로》, 윤지선 지음, 마음이음

38 《지도없이 떠나는 101일간의 예술의 세계사》, 박영수 지음, 영교

39 《지킬 박사와 하이드 씨》, 로버트 루이스 스티븐슨 지음, 비룡소

40 《천재와 괴짜들의 이야기 과학사》, 이충호 지음, 미래엔아이세움

41 《초등학생이 읽는 지질학의 첫걸음》, 프랑소와 미셸 지음, 사계절

42 《키다리 아저씨》, 진웹스터 지음, 인디고

43 《탈무드》, 이동민 옮김, 인디북

44 《파브르 곤충기》, 장 앙리 파브르 지음, 열림원어린이

45 《퓰리처 선생님네 방송반》, 전현정 지음, 주니어김영사

46 《피노키오》, 카를로 콜로디 지음, 시공주니어

47 《한국사 편지》 시리즈, 박은봉 지음, 책과함께어린이

48 《햄릿과 나》, 송미경 지음, 사계절

49 《행복한 부자 학교 아드 푸투룸 1,2》, 김은섭 지음, 아이휴먼

50 《홍길동전》, 정종목 지음, 창비

6학년

1 《2미터 그리고 48시간》, 유은실 지음, 낮은산

2 《국제관계 어떻게 이해해야 할까?》, 닉 헌터 지음, 내인생의책

3 《그래서 이런 의학이 생겼대요》, 우리누리 지음, 길벗스쿨

4 《꿈꾸는 건축가 안토니 가우디》, 김나정 지음, 자음과모음

5 《나의 라임오렌지나무》, 바스콘셀로스 지음, 동녘

6 《나의 롤모델은 스티브 잡스》, 이혜경 지음, 명진출판

7 《낙지가 돌아왔다》, 홍종의 지음, 한림출판사

8 《난중일기》, 이명애 지음, 파란자전거

9 《날씨 전쟁》, 캔디 구얼레이 지음, 사파리

10 《내 가슴에 해마가 산다》, 김려령 지음, 문학동네

11 《노동 − 생각이 크는 인문학 18》, 이수정 지음, 을파소

12 《당당마녀의 중학교공략집》, 이기규 지음, 책읽는곰

13 《더불어 사는 행복한 경제》, 배성호 지음, 청아람주니어

14 《돈키호테》, 미겔 데 세르반테스 지음, 푸른숲주니어

15 《말 안하기 게임》, 앤드루 클레먼츠 지음, 비룡소

16 《명화 속에 숨겨진 사고력을 찾아라》, 차오름 지음, 주니어김영사

17 《몬스터 차일드》, 이재문 지음, 사계절

18 《뭐가 되고 싶냐는 어른들의 질문에 대답하는 법》, 알랭 드 보통 지음, 미래엔아이세움

19 《바디 우리 몸 안내서》, 빌 브라이슨 지음, 까치

20 《별》, 알퐁스 도데 지음, 인디북

21 《보물섬》, 로버트 루이스 스티븐슨 지음, 시공주니어

22 《빨간 머리 앤》, 루시 모드 몽고메리 지음, 인디고

23 《사춘기 대 갱년기》, 제성은 지음, 개암나무

24 《사피엔스 그래픽 히스토리 1, 2 ,3》, 유발 하라리 지음, 김영사

25 《사형제도, 과연 필요한가》, 케이 스티어만 지음, 내인생의책

26 《쉽고 재미있는 동양고전 30》, 이종란 지음, 그린북

27 《스플래시》, 찰리 하워드 지음, 그린북

28 《쓸모가 없어졌다》, 윤미경 지음, 국민서관

29 《안주현의 과학 언더스탠딩》, 안주현 지음, 동아시아사이언스

30 《앨빈 토플러의 생각을 읽자》, 조희원 지음, 김영사ON

31 《엄마라서 행복해》, 김일광 지음, 책내음

32 《연어》, 안도현, 문학동네

33 《오즈의 마법사》, 프랭크 바움 지음, 시공주니어

34 《완벽한 세계에 입장하시겠습니까?》, 박현숙 지음, 살림어린이

35 《외교관 아빠가 들려주는 외교 이야기》, 정기종 지음, 토토북

36 《우리들만의 규칙》, 신시아 로드 지음, 주니어RHK

37 《자연의 역습 감염병》, 김양중 지음, 미래아이

38 《제인 에어》, 샬럿 브론테 지음, 푸른숲주니어

39 《종의 기원》, 윤소영 지음, 사계절

40 《주식회사 6학년 2반》, 석혜원 지음, 다섯수레

41 《지옥으로 가기 전에》, 황선미 지음, 위즈덤하우스

42 《차대기를 찾습니다》, 이금이 지음, 사계절

43 《착한 생각으로 세상을 바꾼 사람들》, 홍건국 지음, 글담어린이

44 《창가의 토토》, 구로야나기 테츠코 지음, 김영사

45 《청소년을 위한 경제의 역사》, 니콜라우스 피퍼 지음, 비룡소

46 《칠칠단의 비밀》, 방정환 지음, 사계절

47 《크리스마스 캐럴》, 찰스 디킨스 지음, 비룡소

48 《하늘에서 돈이 내린다면》, 프랭크 코트렐 보이스 지음, 미래인

49 《허클베리 핀의 모험》, 마크 트웨인 지음, 민음사

50 《헨쇼 선생님께》, 비벌리 클리어리 지음, 보림

아이 성적 올려주는 초등 독서법

1판 1쇄 펴냄 2024년 10월 30일
1판 1쇄 찍음 2024년 11월 1일

지은이 김은섭
펴낸이 신주현 이정희
마케팅 신보성

디자인 Labi.D
제작 (주)아트인

펴낸곳 미디어샘
출판등록 2009년 11월 11일 제311-2009-33호

주소 03345 서울시 은평구 통일로 856 메트로타워 1117호
전화 02) 355-3922 | 팩스 02) 6499-3922
전자우편 mdsam@mdsam.net

ISBN 978-89-6857-245-6 03370

www.mdsam.net